斎藤一人

HITORI SAITO

明るい人だけが成功する

斎藤一人 著

PHP

まえがき

宇宙は、この世界に存在するどんな機械よりも精密である。

そしてその宇宙は、偶然にできたわけではなく、「絶対なる存在」によって意図的につくられ、「絶対なる法則」で動かされている。

一人さん(※)は、そんなふうに考えています。


絶対なる存在。というのが指すものは人それぞれ違ったイメージでいいのですが、私の場合は、これを「神様」だと思っているの。

神様と言っても、人間がつくった宗教的なものとはまったく関係ありません。教祖や信者は存在しないし、お布施《ふせ》もない。

言うなれば、大いなる自然のエネルギーとか、お天道様とか、そんな感覚です。

宇宙が誕生してからいまに至るまでの歴史を振り返ると、この世界は「発展し続けている」ことが見て取れるんだよね。

人間も、社会も、進化が止まったことがない。

昔の人より、いまの人はスタイルもよくてカッコいいでしょ？　頭脳だって向上しているし、視野が広くて考え方も柔軟です。

便利な機器や日用品がたくさん発明されて、暮らしも豊かになりました。

戦争も、いまも世界の一部で起きてはいるものの、昔みたく世界中が戦禍《せんか》に巻き込まれているわけじゃない。日本だって、戦国時代なんかとは比べようもないほど平和です。

この世界は、面白いぐらい前進し続けているんだよ。

この事実こそが、絶対なる法則――つまり、神の道であると、私は思っています。

神の道を生きることが、いまより豊かに、そして幸せになる道です。

この道を進んだ人は、みんな幸せになれる。

じゃあ、神の道とは具体的にどんなものですかって言うとね。

楽しい。

安心。

きれい。


時代とともに、世界はこうした印象が濃くなり続けています。つまり、そういう道を選べば、それが神の道になるってことなんだよね。

昔よりも、いまの方が楽しい遊びは増えたし、さまざまな仕組みが充実したことで、安心して生きられるようになりました。

人間の見た目だって、昔よりはるかに美しくなって、誰もがおしゃれを楽しめる世の中です。

簡単に言うと、神の道とは、

「明るい」

ということなんです。

なんでも肯定的に考え、深刻にならない。
笑顔で明るく生きる。
これが神の道です。

実際に、納税額日本一を成し遂げた一人さん自身を含め、世の中のあらゆる「幸せな成功者」を見ていると、明るくない人はいません。

ただ成功するだけじゃなく、成功し続けることのできる幸せな成功者になるには、明るさが絶対に必要なの。

明るい人ほど、幸せな成功者になれるんです。

これは絶対なる法則だから、現実は１００％、この法則通りに動きます。明るい人がうまくいかないとか、暗い人が超幸せになるとか、そんなことはありえません。

この本では、いまの自分よりちょっとでも明るく生きられるようなヒントについて、さまざまな視点から語ってみたいと思います。

明るい人になれば、そのぶんあなたの未来は明るくなる。

いまも明るい人は、ますます明るさを増し、大きな成功がつかめます。
あなたが、明るい人生を思う存分楽しめますように。

（※）私は自分のことを大切にしているので、自分で自分を「一人さん」と呼びます。

斎藤一人

明るい人だけが成功する

contents

第1章　明るい人だけが、明るい未来を受け取る

第2章

この世界は明るく楽しく学ぶ場所

第3章

人生は喜劇。ぜんぶ笑いに変えちゃいな

第4章

感謝のあるところに光は差す

第5章

自分を押し上げる明るい考え方とは？

第6章 神様から選ばれる人になるために

装幀　一瀬錠二（Art of NOISE）
編集協力　古田尚子

第1章

明るい人だけが、明るい未来を受け取る

人は明るいところに集まるからね

イカ釣り漁って、夜中に行われるんです。

夜行性のイカは、暗闇のなかの明るい光に集まる習性があるから、夜の海でイカ釣り漁船が灯《あか》りをともして浮かんでいると、その漁火《いさりび》にワーッと寄ってくるわけ。で、それを釣り上げる。

人間も、実にそれとよく似ているんだよね。

明るいところがあると、なぜか引き寄せられる。明るい方へ行かずにいられないわけです。

夜のコンビニに人が集まるとか、物理的にもそうなんだけど、目には見えない雰囲気やなんかも同じです。

明るいムードは、人に安心感とか心地よさをもたらすから、どんどん人が集まってきます。

なぜかと言うと、人の本質が、

愛と光

だからです。

愛と光。というのは、神様のことなんです。

はじめにお伝えしたように、神様と言っても、なにかの宗教ではありませんよ。

一人さんは、エネルギーとかって言葉よりも、神様と呼んだ方がしっくりくるだけなの。私は無類の女性好きですが（笑）、それと同じぐらい、神様という言葉が大好きだから、そう呼ばせてもらっています。

この本では、神様という言葉が繰り返し出てきますが、どれもこういう意図なので、その前提で読み進めてくださいね。

さて、この世に存在するものは、すべて神様がつくりました。

地球も、水も、石も、植物も、動物も、そして私たち人間も、神様から生まれた「神の子」です。

聖書でさ、人類のもっとも古い祖先はアダムとイブである、なんて言われます。

だけど実際はアダムとイブではなく、神様こそが最初の祖先なんだよね。アダムとイブをこの世に誕生させたのも、神様なわけだから。


では、その神様はいったいどんな構成要素の存在ですかって言うと、愛と光なんだよね。

この宇宙をあまねく照らす、とてつもなく明るい、愛の光。

私たちは、そんな神様から「分《わ》け御霊《みたま》」と呼ばれる命をもらい、この世界に生まれました。いわば神様の分身であり、私たち自身の本質も、神様と同じ愛と光です。

だから、明るい光に触れると心地よくて、本能的にそっちへ吸い寄せられる。

本来の自分でいられる場所は、誰にとっても居心地がいいんだ。

どうせなら見た目から明るくいこう

明るいムードってどういうものかと言うと、笑顔で愛嬌《あいきょう》があるとか、肯定的な考え方をする人がかもし出す空気感です。

笑顔も、肯定的な考え方も、どちらも明るいイメージがあるでしょ？

こういう人は、周りの人の目にすごく魅力的に映るから、自分ではなにもしなくても、勝手に人が引き寄せられちゃうんです。

その反対に、ブスッとした顔、否定的な考えで表情を曇らせてる人は、見ただけで暗い。なんか空気が重くて、一緒にいたくないよな。

明るいとか暗いって、見た目で受ける印象通りなんです。

なかには、「顔は恐いけど心はやさしい」「表情は冴えないけど、仲良くなると明るい人だとわかる」とか、そんなケースもあると思います。
だからもちろん、全員が１００％、見た目通りとは限りません。
暗そうに見えても、本当は明るい人っている。
だけど一人さんに言わせると、それってすごくソンなんです。

中身は愛があるのに、パッと見ではそれが伝わらないことで、人が去っていくこともあるんだよね。

へんてこりんなやつがいなくなるんだったらいいけど、去った人のなかには、とんでもなくいい人がいるかもしれない。自分の人生に、超ド級の幸運を持ってきてくれるはずの人が、見た目を恐がって逃げていく可能性がある。

と思うと、見た目ってすごく大事なんです。

会った瞬間に「この人、ヤバそう」と思われるより、「わぁ、素敵な人！」って感じてもらえた方が絶対にトクでしょ？

ブスッとしてると、ソンをすることはあっても、トクすることはありません。

せっかく中身がいいのに、なぜわざわざ暗い表情をするんですかって話なんです。どうせなら、見た目から明るくいこうよって。ね？

笑顔は、「私はあなたの敵ではありませんよ」という、いちばんわかりやすいサインなの。笑顔の素敵な人は、まず人から好かれます。

そして、そのことでいちばんトクするのは自分なんだよ。

冴えない顔をしてるより、笑顔の方がはるかにいい出会いに恵まれます。いい人との出会いは、それだけチャンスが増えるの。

神様って、その人に似合わないことは起こしません。

笑顔で明るい人には、また笑いたくなるような現実を出してくれます。いつ、誰が見ても明るくて魅力的なムードがある人は、それだけで、豊かで幸せな人生になるんだよね。

その反対に、暗い顔をしてる人には、見た目の印象通り、困った出来事ばかりが起きてくる。転んだり、行き詰まったりすることの多い人生になります。

笑顔を封印するなんて、本当にもったいないよ。

移ろいやすい心に従い過ぎてないかい？

人間の心は、一瞬で変わります。

ついさっきまで機嫌がよかったのに、なにかの拍子に怒ったり、泣き出したり。かと思えば、またすぐに笑ったりしてさ。

まるで子どもみたいですねって、子どもは正直だからすぐ顔に出るだけで、大人だって心は子どもと同じですよ。大人は我慢して表に出さないだけで、心のなかはすごく忙しい。

心（ココロ）とは、その文字から伝わってくるイメージの通り、コロコロ変わるものです。のべつ、楽しいことを考えたり、嫌な気持ちになったりしている。

で、その移ろいやすい心に従い過ぎちゃうと、いちいち心に振り回される人生になっちゃうんだよね。

もちろん、自分の素直な気持ち、本当に望む生き方を無視するってことじゃない。それに、楽しい気持ちなら、振り回されることもそう悪くないよな。心のままに楽しんで、喜びを2倍、3倍と膨《ふく》らませられたら最高です。

ただ残念なことに、人間というのは、もともと暗い方に傾きやすい性質がある。楽しさよりも、イライラや悲しみに揺さぶられることの方が多いんだよね。

そういうときに心に従い過ぎると、カッとなって自分を制御できなくなるとか、暗闇をどこまでも落ちるとか、悪い方に引きずられてしまいます。

人間は、なにもしないでいると、すぐに悪い方、暗い方に心が取られます。不安や恐れを抱きやすい生き物なんだよね。

なぜか？

それは、命という、いちばん大事なものを守らなきゃいけないからです。

もし、不安や恐れというものがなかったら、私たちは、あっという間に命を失ってしまいます。

不安がなかったら、興味に引っ張られて高いところから飛び降りたり、道路に飛び出したり、そんなことが平気になります。これじゃ、命がいくつあっても足りません。

また、あわや交通事故になるところだったけれど、咄嗟《とっさ》に体が動いて助かった。そんなことってあるじゃない。交通事故に限らず、日常のさまざまな場面で、似たようなことはあると思います。

こういうのも、恐れの本能が強く働いてくれるおかげなの。恐怖によって、瞬時に、しかも勝手に体が動くんだよね。

あらかじめ危険を回避することや、一瞬の判断で身を守るには、不安や恐れが不可欠なわけです。

とはいえ、不安や恐れが強過ぎても困ります。ビクビクしてばかりじゃ疲れるし、恐怖という緊張が連続するようでは、ストレスで病気になっちゃうよな。

心に従い過ぎると、生きることが楽しくなくなるんです。

だからこそ、うまくバランスを取るために、意識的に明るい方へ軌道修正してあげなきゃいけない。嫌なことが出てきて、不安が膨らんだとき、恐くて感情が暴走しそうなときは、自分でうまくコントロールすればいいんです。

生活のなかでも、夕方になって家のなかが暗くなれば、電気をつけます。

そんな感じで、暗い気分に傾いたら、すぐ心に電気をつける。そうすれば、心に振り回されることはないんだ。

幸せだな。なんかいいことある気がするぞ

心の電気をつけるって、難しいことではありません。

上気元《じようきげん》（一人さんは、上機嫌のことをこう書きます）でいられるように、自分で自分の機嫌を取ればいいんだよね。

モヤモヤしたら、誰もいないところでクッションでも叩いて発散するとか（笑）、

家族にナイショでこっそりおいしいものを食べたっていい。ものすごい美女（イケメン）に言い寄られる妄想で、頭のなかをバラ色にするのもいいね（笑）。

なんでもいいから、自分の心が暗くなったときに、パッと明るくなりそうなものをいくつか用意しておくといいんです。


そしてもっと簡単なのは、使う言葉を変えることなの。

たとえば、一人さんは心がちょっと暗い方に傾きそうになったらこう言います。

「あ〜、オレって幸せだな」

「なんかいいことある気がするぞ」

ふつうの人は、心が暗い方に傾くやいなや、「嫌なことが起きそうな気がする」「胸騒ぎがする」とかってこぼすの。

だけど、一人さんはそれを絶対にしません。どんなに嫌な気分になったとしても、そういうときほど「こりゃいいことありそうだ」って明るく笑う。


言葉には、「言霊《ことだま》」という波動があってね。

波動って神様のエネルギーなんだけど、言葉には、その言葉と同じエネルギーが宿っています。「幸せ」という言葉には、幸せの波動がある。「いいことある」という言葉からは、いいことをもたらすような波動が出ているわけです。

明るい意味の言葉には、明るい波動が宿る。

暗い意味の言葉には、暗い波動がある。

波動は言葉に限らず、この世界のあらゆるものを構成するエネルギーです。

雨や風、雲、虹といった現象も、世の中で起きる出来事も、モノも、そして私たち人間を含む生物もみな、波動を持たないものはありません。

また、波動はお互いに強く影響し合うんだよね。**「オレって幸せだな」と言えば、それまで暗い波動だったとしても、言霊の影響で幸せ波動になれるわけです。**

1回言っただけではあまり実感がないかもしれないけど、何度も繰り返すうちに、本当に幸せな気持ちになってきます。心が明るくなる。安心感が湧いて、ビクビクしなくなる。

波動は、テレビやラジオのように、同じ周波数を持つもの同士が引き合う、という特性もあります。

テレビの1チャンネルを観たければ、リモコンのボタンも1を押すでしょ？

1チャンネルが観たいのに2を押しちゃうと、当たり前だけど2チャンネルが映って、望む番組は観られません。1チャンネルを観たい場合は、リモコンの1を押さなきゃダメなんです。

それと同じで、うれしいことが起きて欲しいときは、うれしくなるような言葉を使えばいい。

どんなことが起きるかは、一人さんにもわかりません。それは神様が決めることだし、神様は、人間には想像もつかない道を用意してくれるものだからね。

あなたはただ、未来にワクワクしながら明るい言葉を使っていればいいだけですよ。

暗いときこそ電気をつけなきゃいけない

多くの人は、周りに明るい人がいると、一緒になって明るい話をします。

これって、明るい部屋で、さらに電気をつけるようなものなんだよね。それはそれで、ますます明るさが増すわけだからマルなんだけど。

だったら、暗くなってもそのまま電気つけときゃいいのに、なぜかそれをしないわけです。隣に暗い人が来たら、今度はどんよりムードになるの。

これね、一人さんに言わせると、薄暗い部屋で電気をつけるどころか、雨戸まで閉めて真っ暗にするようなものなんです。

電気をつけたら明るくなるのに、それをしないで、「暗い暗い」と文句を言い続けている。いや、あなた電気つけたらいいじゃないですかって話なんですよ（笑）。

人間だからね、思わずため息がこぼれてしまうときもある。それはしょうがないんです。ため息をつくことがダメなわけじゃない。

問題は、ため息をつきっぱなしにすることです。ため息をつくたびに、あなたの波動は下がるいっぽうなんだよね。

だから、「ハァ～」ってため息が出たときは、すかさず「幸せだな」「いいことありそうだ」とくっつけたらいい。「ハァ～、幸せだなぁ」「ハァ～、いいことありそうだ」って言いな。

うっかり暗い波動になりかけたときに、自分で明るい波動に引き戻せるようになると、そこで落ち込みは止まります。

明るいときは、なにもしなくたって明るい波動でいられる。

嫌なことがあって心の電気が消えても、すぐにつけ直せば明るくなります。

電気をつける達人になると、日々の暮らしに、暗くなる瞬間がなくなるんだよね。

強烈に嫌なことがあって、電気をつけ直す気力すらないときは、豆電球1個でいいから、そこだけがんばって電気をつけるの。

そうすれば、ぼんやりと周りは見えてくる。

どうしていいかわからず右往左往《うおうさおう》するのは、暗闇でなにも見えないからです。周りが見えないことほど恐いものはないんだよ。

その点、なんとなくでも周りが見えたら、自分が置かれている状況や、やるべきこともわかります。そしたら、冷静に対処できるじゃない。

自分で解決できない問題だったとしても、どんな問題があるのか見えるだけで、人って安心するの。そういうものなんです。

安心すれば、あなたからは安心の波動が出ます。その波動が、さらにあなたを安心させてくれるの。心が明るくなってくる。

最初は豆電球1個だけでも、それが2個に増え、3個になり……だんだん明るさを増してくるんだよね。

で、いよいよ明るい波動になっちゃえば、起きた問題がうまく解決するような現実だって出てくるの。思いもよらない展開でね。

だから、とにかく明るい言葉を使って、暗いときこそ心に電気をつけな。これを徹底しているうちに、ため息をつくこと自体が減ってきますよ。

鏡をこすっても顔のシミは取れません

ある人が、鏡に映った自分の顔にシミを見つけたの。それを消したくて、鏡に映った自分の顔をこするんだけど、シミは薄くなる気配もない。当たり前なんだけど(笑)。

ところがその人、鏡をこすって消えないことを不思議に思い、「この鏡が悪いのかもしれない」って、別の鏡を持ってくるわけ。そうして、また鏡のなかのシミをこすり出す。

そんなことをしたって、シミが消えるわけない。見当違いなことはやめて、メイクでカバーするとか、クリニックで取ってもらうとかすればいいのに。ふつうは、そう言って笑うと思います。

でも、そんな自分自身が、ひょっとしたら同じことをしてるかもしれないよ。

どういうことかと言うと、さっきのはたとえ話なんだよね。

顔のシミは、自分の前に出てきた問題を指します。

たとえば、あなたはいま、職場の人間関係に悩んでいるとする。その悩みが、顔のシミだと思ってください。

人間関係の問題が出てきたときに、会社を変えることで解決しようとするのは、顔のシミを取ろうと鏡を変えるようなものなんです。

いくら鏡を変えたって、シミが消えることはありません。それと同じで、人間関係に悩んでいるからといって、場所や環境を変えるだけではなにも解決しないんだよ。

一時的には問題が消えたように思えても、しばらくすると、なぜかまた似たようなことに悩まされるようになる。根本的に解決していないものは、どこへ行こうが、やっぱり苦しい現実が出てくるわけです。

ようは、「自分自身を変える」ことをしなきゃダメだよって話なんです。

顔のシミも、人間関係も、自分の問題なんだよね。鏡のせいとか、人のせいとか、会社のせいではない。

いや、環境にも問題はあるんだよ。嫌なやつがいるような場所からは、さっさと離れなきゃいけません。

ただ、そういう環境を、「わざわざ選んでいる自分」がいると、どこへ移っても同じ問題が出てくるよねってことなの。

たまに嫌なやつに出くわすぐらいだったら、誰にでもあり得る話です。だけど、人生にへんてこりんなのばかり出てくるのは、どう考えてもおかしい。

そういう場合は、自分自身がへんてこりんな波動を出しているんだよね。

だから、どこへ行っても嫌なやつが出てくる。それって、自分が引き寄せてるの。

「私は、嫌なやつがいる環境なんて選んでいません」。そう言うかもしれないけど、波動は絶対にウソをつきません。

いい波動の人で、行くところ、出会う人が、嫌なやつばかりってことは絶対にないんです。

波動の法則で言えば、明るい人には、幸せな現実しか出てきません。暗い人には、嫌になっちゃうようなことばかり出てきます。

明るい人にも、不慮の事故みたく、たまには嫌なことが出てくることはあるけれど、明るい波動があれば、なにが出てきてもうまくかわせるんだよね。

明るいって、「あ、かるい（あ、軽い）」でしょ？

明るい波動の人は、どれだけ深刻な問題でも、軽やかに解決できるから、起きたことが大変な問題に発展することはまずない。

それこそ、気になるシミを見つけたんだとしたら、鏡を取り替えるなんて的外れなことはしないの。自分に合ったやり方ですぐ対処できるから、シミに頭を悩ませることもないんだ。

正しい曼陀羅を描かなきゃいけない

世の中には、人の灯りを消して回るやつがいるんです。自分の心をコントロールできなくて、ムシャクシャするたびに、周りの人を否定したり、悪口を言ったり。学校とか会社に、そういう先生や上司がいると、たまったもんじゃない。生徒にダメ出しして灯りを消し、感情的に叱りつけて部下の灯りを消す。

一人さんみたく強いタイプだったら、先生や上司に嫌味とか怒りを投げつけられても「そんな言い方はないですよ」とかってハッキリ言い返せるんだけど、内申点や出世に響くことを恐れて言い出せない人も多いと思います。

結果、その人の心が暗くなる。場合によっては、教室じゅう、職場じゅうのムードが悪くなって、みんなが不幸になっちゃうんだよね。

感情に振り回されるお天気屋は、人にいちばん嫌われます。潮が引くがごとく、周りから「いい人」がいなくなるんです。

寄ってくるのは、自分と似たタイプの人間だから、衝突ばかりでとんでもなく疲れる。そんな人間関係は、長続きするはずがないんだよね。続いても、一緒に落ちていくだけです。

いい人が周りにいないって、人生でこれほどつらいものはないんです。

だから、自分だけはそうならないように、気分にかげりが出たときほど「幸せだ」って言わなきゃいけません。口だけでもいいから、「いいことあるぞ」と言いな。

はじめに言葉ありきなんだよ。

曼陀羅《まんだら》という、主に密教で使われる仏教絵図があるんです。

この絵は、大日如来《だいにちにょらい》（密教の本尊）を中心に世界が広がっているのですが、真ん中に行くほど位の高い仏様がいて、遠くになればなるほど、地獄界に近付く。ようは、大日如来からもっとも離れたところに、地獄があるわけです。

これにならい、一人さん流の考えを言うとね。

まず、中心となるのは自分という神様なんです。自分を中心に、さまざまな人が存在するの。

そのときに、自分のそばにいい人ばかりが集まっていますか。いい人の層が厚く、嫌な人とかウマの合わない人は、遠く離れた場所にいますかってことなんです。

自分のそばにいい人が大勢いれば、正しい曼陀羅が描けているのでマル。こういう人は、自分のいる場所が天上界――つまり天国ということになり、人生が驚くほどうまくいきます。

いっぽう、いちばん遠くにいるはずの嫌なやつが自分の周りに集まっているようでは、いびつな曼陀羅です。

本来、自分は曼陀羅の中央にいなきゃいけないのに、そこからもっとも離れた地獄界に身を置いているってことなんだよね。とんでもない間違いをしちゃってるわけだ。

これが、感情に振り回され、人の灯りを消して回るお天気屋の恐い世界なんです。

そうならないために、明るく光らなきゃいけないよ。

自分を曼陀羅の中心に置くには、明るく笑って、軽やかに生きるほかないからね。

愛をもって、放っておく。信じて、かかわらない

人は、意識的に明るい考え方を持たないと、すぐ後ろ向きになってしまいます。

自分や人のアラが目につき、否定したくなるのは、気まぐれな心に主導権を握らせてしまっているということなの。

そうではなく、本当の自分である魂の声に従えるようになれば、人は、誰のことも否定しなくなります。

魂は、人の本質が「愛と光」であることを知っているからね。

誰もがそのままで完璧だし、みんな同じ神様であることがわかれば、自分のことも、人のことも、否定できるはずがないんです。

この世界には、本当の自分を見失い、魂の声が聞こえなくなっている人がいます。どちらかと言うと、そういう人の方が多いかもしれません。

地球に生まれてくるのは、自分は愛と光であるという、本来の姿を思い出す修行のためです。すでに自分が愛と光であることをじゅうぶんに理解できているんだとしたら、そもそも、この世界に生まれてくる必要はありません。

いま、この世界にいるということは、魂の声がまだまだ聞こえていないってことなんだよね。そのレベルは人それぞれだけど、人はみな、魂が未熟であることは確かなんです。

そのなかでも、学ぶことがたくさん残っている魂の人は、深く考えもしないで人を否定するんだよね。

明るい笑顔が魅力的な人に、「ヘラヘラし過ぎだ」って、笑顔が消えるようなことを言う。暗い顔の人には、「辛気《しんき》くさい」とか、ますます気が滅入《めい》るような言葉を投げつけるわけです。

じゃあ、いったいあんたはどういう人を求めてるんですかって思うかもしれないけど、こういう人は、どんなにいい人が出てきても否定しかしません。

自分も相手も神様である、という真理がわかっていないと、人を否定することしかできないんだ。

でもね、その人に問題があるのではなく、いまは学びの途中にあるだけです。

いろんな経験を通じて、少しずつ魂の声が聞こえるようになってくると、愛を思い出す。明るさを取り戻す。

そうすると、自分にも、人にも、自然に愛を出せるようになってきます。一滴、一滴、水がしみ込むように、その人のペースでだんだんにそうなっていくんだよ。

だから、周りは愛をもって見守るしかない。

もちろん、見守るというのは、相手の言いなりになることではありません。

こんなやつの言いなりにはならないぞ、なにをされても真に受けないぞ。という覚悟をもって、距離を取ることです。その人から離れるんだよね。

それが大前提の、「この人は、いま学んでいるんだな」という見守りなの。

愛をもって、放っておく。
相手の魂が成長することを信じて、かかわらない。
そうして、あなたは自分の場所で明るく輝いていることですよ。

第2章

この世界は明るく楽しく学ぶ場所

魂が生き通しなのは、学び続けるため

この世では、年月を経ると肉体は衰えるし、不慮の事故や、思いがけない病《やまい》で、誰もが必ず死を迎えます。

だけど、魂まで死んでしまうことはないんだよね。

肉体が死ぬときには、魂は体から抜け出し、あの世に帰ります。で、時がきたら、再び神様から新しい肉体をもらい、そこにポンと入る。

そうして私たちはまた、この世で肉体を持って生きるわけです。

これを、「生き通し」と言うんだけど。

私たちの人生って、修行の時間なんです。**この世界に生まれてくるのは、さまざまな体験を通じて学びを深め、試練を乗り越えることで魂を磨くためなんだよね。**

魂を磨くというのは、偉大な親である神様に近付くことを意味します。人はみな、自分の本質である、愛と光を追い求めます。究極的な、愛と光の存在になる。それが、魂の第一目的なの。

だけど、人は神様になることはできません。どこまで行っても、修行が終わることはない。永遠に学び続けるのが、私たちの魂です。

そんなわけで、人の魂は、何度も生まれ変わりながら成長するわけです。

なぜ、魂は永遠なのか。それは、1回や2回生まれたぐらいでは、わずかな成長しかできないからです。

実際、人が亡くなるときって、ほとんどの人が「もっと生きたかった」「あれもやればよかった、これもしたかった」と思うんだよ。未熟ゆえに、やり残したこと、思う通りに生きられなかった場面がいっぱいあるからです。

なのに、肉体の死とともに問答無用で魂まで消えてしまったのでは、そこで成長も終わりでしょ？　そんな魂ばかりじゃ、この世界には未熟な魂しか存在できないことになります。いつまでたっても、進化のない世界でつまらない。

それに、私たちの魂は、もともと神様の分け御霊です。神様にしてみれば、可愛い我が子なんだよ。

しかも人間の魂は、親である自分を目標にして上を目指そうとする健気《けなげ》な存在なんだよね。余計に可愛いじゃない。

そんな大事な我が子を、消滅させるなんてことは神様がやるはずもない。

何度だって人生をやり直せるようにしてくれているし、そのなかで、ゆっくり学びを深められるようにしてくれている。

魂が生き通しなのは、神様の愛にほかならないんだ。

我慢は修行でも愛でもないからね

修行と言うと、ふつうは苦しいもの、辛抱するもの、みたいなイメージがあると思います。多くの人は、我慢が修行だと認識しているんだけど、実はその真逆です。


苦しまない道に進む。

楽しい方を選ぶ。

自分に我慢させない。


それが、修行の本質なのです。

これで言うとね、いまあなたの人生がつらいのだとしたら、それは間違った修行をしているのが原因です。間違ったことをがんばっても、幸せが見えてこないのは当たり前だよ。


たとえば、夫婦も長いこと一緒にいると、いろいろあるものです。どんな相手と結婚しても、そこには修行が待っています。

お茶を淹《い》れてあげたのに、当たり前のごとく受け取り、黙って飲むとか。そんな人もいると思うんだけど、これ、放置してちゃダメなんです。

「うちの亭主は、なにかしてあげても『ありがとう』のひと言もない」とかって文句を言いながら、実際にはそれをゆるしている人がいますけど、だから旦那は気付けないんだよ。

人間は、魔法使いではありません。黙ってて、勝手にお茶が出てくるなんてことはありえないんだよね。ここは、念じただけでお茶が出てくる世界じゃない（笑）。

それを、してもらって当たり前に思い、感謝もない。そんなんじゃ、あまりにも愛がないよな。神の道から外れまくってるんです。

それがわからないでいると、運気が落ちて悪いことばかり起きるようになります。

また、旦那の無関心、間違った考えをゆるしている方にも、悪影響がある。してあげたのにお礼もないとかって、イライラしたりボヤいたりすれば、イライラ波動、文句波動になるでしょ？

こういう夫婦は、家のなかでお互いに運気の下げ合いっこをしてるんだよね。

いいかい。ありえないことが起きたら、ありがたいんです。

ありがたいとは、「有り難い（有ることが難しい）」と書くでしょ？　自然に起きるはずもないことをしてもらったら、ありがとうを言うのが道理なの。

それを言えるようになることが、修行なんだよね。

で、自分で気付けない人には、そばにいる人が「こういうときは、ありがとうを言うものですよ」って教えてあげなきゃいけない。それが、一緒にいる人にとっての修行なの。

だいたい、家で奥さんにも感謝できないようじゃ、仕事先で言えるわけがない。そんなんで出世もなにもあったもんじゃないよな。

本人のためにも、間違いをゆるしちゃダメなんです。


感謝がないことにイラ立ちながらもゆるしてると、人生はねじ曲がります。やるべき修行に目を向けず、我慢ばかりしてると苦しくなる。波動だって落ちる。いいことなんてひとつもないんだよ。

修行とは、我慢や辛抱をすることではありません。

それを修行だと勘違いしちゃうと、修行ではなく、修羅《しゅら》の道が始まっちゃうの。行き着くところは、恨《うら》みの世界なんです。

間違いを見逃すことは、愛ではありません。

ゆるさないことが、自分にとっても、相手にとっても愛であり、それが正しい神の道ですよ。

できないことを恥じなくていい

人間は未熟なもので、完璧になることはできません。いくら優秀な人でも、できないことはあるんだよ。

勉強はできても、お金儲《もう》けの苦手な人。勉強には興味がないけど、商売に向いてる人。いろんな人がいます。

人にはそれぞれ個性というものがあって、得意なことも、苦手なこともぜんぶ違います。ここは、個性豊かで面白い世界なんだよね。

そして、**私たちは自分の個性を活かしながら、ほかの人と協力し合ってこの世界を発展させていく。それが、人間の使命です。**

ということを知っている一人さんは、自分にできないことがあっても、恥じたことがないんです。

たとえば、なんていうか……私は、すごく味わい深い絵を描きます。こんなに独創的な絵が描けるなんて、我ながらすごい才能だなって思うの（笑）。

ただ、世間様では、たいていそれをヘタと表現するわけです。ちょっと基本からズレてるだけで、ダメ出しするんだよな。

で、そういう感覚の人は、誰かに「絵を描いてください」と求められると、「私は絵がヘタですから」なんて逃げる。ヘタな絵を披露《ひろう》するのは恥ずかしいからって、嫌がるわけです。

その点、私は堂々としたもので、二つ返事でサラッと描いちゃうよ。「そこのお醤油、取ってもらえます？」って頼まれたときぐらい、軽く引き受けます。

なぜかと言うと、私に絵を描いて欲しいと言う人は、納税額日本一の斎藤一人が描いた絵だから欲しいんだよね。ウマかろうが、マズかろうが、そんなことは関係ない。

むしろ、誰でも描けそうな平凡な絵よりも、個性的であればあるほど特別感が増して、ありがたみを感じてもらえるぐらいなんです。

第一、私は自分の絵に自信があるからね（笑）。出し惜《お》しみしようとも思わない。それを、「ちょっと絵を練習しますから、1カ月待ってください」とか言ってたらダメなんだよ。

私は、商人だからね。商人は、頼まれたことにすぐ応《こた》えるのが鉄則です。相手は、いまの一人さんが、一人さんらしく描いた絵が欲しいの。絵を習いに行ったりして、ヘンにテクニックをつけると、せっかくの個性がつぶれちゃうかもしれないよね。

立派な絵が欲しい人は、最初から画家の絵を買うんです。一人さんの絵が欲しいと言う人は、画家みたいな絵ではなく、私にしか描けないもの、私らしさのある絵が欲しいの。わかるかい？

その人にとっては、ありのままの私が描いた絵が、最高の作品なんです。

あとね、恥の話をすれば、私は、恥をかくって悪いものだとは思いません。
わからないことがあるとき、「こんなことも知らないなんて恥ずかしい」とか言う人がいるんだけど、誰だって知らないことはある。聞ける人がいるのなら、堂々と聞けばいいんです。

聞けば、一発解決なの。恥がどうとか気にする暇があるんだったら、さっさと聞いちゃえばいいのにって思うよ。

で、そのとき相手が、「こんなのもわからないの？」なんて返してきたら、その人は単なる嫌なやつです。付き合っちゃダメな相手だから、それがわかってよかったんだよね。

一人さんの経験で言えば、本当に愛のある人は、人に質問することをためらわないし、自分が聞かれたときも気持ちよく答えるものですよ。

人はみんな自分の人生をわかっている

人間の魂は、消えてなくなることがありません。

いまの自分に与えられた肉体は今世だけのもので、死ぬときには魂が肉体を抜け出し、神様のもとに帰ります。

肉体は、魂を入れる器みたいなもの。もっと言うと、洋服と同じなんだよね。

私たちは日々、いろんな洋服を着たり脱いだりしますが、服を着るのは、いつも同じ自分です。昨日と違う服を着たからって、なかに入っている自分まで変わることはないでしょ？

魂も、肉体という洋服を着替えているだけで、魂まで入れ替わることはありません。

でね、この世で死を迎えた魂は、いったんあの世に帰るわけだけど、すぐにまたこの世界に戻ってくるわけじゃないんだよね。あの世で、やるべきことがある。

それはなにかと言うと、まずは今世、どんな体験からなにを学んだか、どれだけ魂を磨いたか、そんなことを神様に報告するんです。ようは、今世の総括だね。

それが終わると、次の人生（来世）はどんなふうに生きるかを考えます。

たとえば、今世では我慢しないことを学んだから、来世は、人の痛みがわかるような試練を乗り越えよう、とか。

これが決まったら、「ソウルメイト（魂の仲間）」との会議が始まります。

神様は、たくさんの魂をグループごとに分けています。たとえるなら、魂の「家族」みたいなものなんだけど。

人間の家族は、多くてもせいぜい10人ぐらいだろうけど、魂の場合はだいぶ規模感が違って、かなりの数が一つのグループに属します。

この、同じグループの魂が、みんな自分のソウルメイトになります。

ソウルメイトとは、永遠に行動をともにします。地球では、生まれ変わるたびにいろんな関係性に変わりますが、どこかでかかわりを持ちながら、ずっと一緒に生き続けるんだよね。

つまり、あなたと親しい間柄にある人は、みんなソウルメイトなわけだ。


ソウルメイトとは、あの世にいるときに、いろんな役割を決めます。

「今世は会社の上司と部下だったけど、来世は姉妹でいかない？」

「あなたとはまだ親友になったことがないから、来世はそれでどうかな？」

こんなふうに、魂はそれぞれ人生という舞台のシナリオを決めて、そのキャスティングをソウルメイトと話し合うんだよね。

これで、来世の自分の役や、大筋のシナリオ、かかわる人たちが決まるわけです。

そして地球に生まれたら、このシナリオに沿って生きる。いま、ここにいる私たちも、あの世にいるときに自分で決めてきたシナリオ通りに生きているんだ。


人生のシナリオは、必ず自分で設定します。だから、みんな本当は、自分がどんな人生を生きるかってことを知っています。

ただ、それを覚えていると学びは得られません。それに、感動や驚きもなくなっちゃうじゃない。修行にもならない、面白くもないんじゃ、なんのために地球に来るのかわからないでしょ？（笑）

だから神様は、私たちがこの世に生まれるときに、いっさいの記憶にアクセスできないようにしてくれます。魂はすべてを心得ているけれど、地球にいる間は、肉体が持つ脳の方が強く働くことで、魂から詳しい情報が伝わらないようになっているんだ。

でもね、そのなかでも、魂は重要なポイントを私たちに伝えてくれます。

そのサインが、感情です。

ワクワク、喜びといった明るい気持ちになったら、「それで間違いないよ」「どんどん進んで」というお知らせです。その反対に、苦痛や不快感を覚えたときは、「ダメダメ、そっちは危ないよ」「ストップして！」というメッセージです。

こうしたサインをもとに進む方向を決めたら、まず間違いありません。

魂は、いつだってあなたが幸せになれる道を指し示してくれます。

あとは、あなたが自分の心に電気をつけて、その声によく耳を澄ませることだよ。

親って20年は遅れてるからね

スマホ（パソコン）が手放せず、一日じゅうでも動画やゲームに夢中な人がいると、一人さんだったら「ユーチューバーにぴったりだな」「プログラマーになれば絶対出世するぞ」とかって思うの。

ところが、世間の大人はすぐに「なんの役にも立たないのに、くだらない動画ばかり観て」「ゲーム漬けでバカになるぞ」と否定ばかりする。自分の子どもが動画やゲーム三昧《ざんまい》だと、スマホを取り上げたりするんだよな。

そんなことしても、子どもが親に不信感を抱いて、とんでもない親子喧嘩《げんか》になるだけなんです。

親は、子どもより経験値や能力が高いとか、親の言うことは間違いないとか、そんなふうに思いがちなの。だから、親は自分の意見を通そうとするし、子どもにしても、親に逆らえない子がいるんだよね。

だけどそもそも、親の方が上っていう前提がおかしい。と私は思うわけです。

今世での経験値は、長く生きたぶん、親の方が高いのは確かだと思います。ただ、ハッキリ言って、魂的には子どもの方がはるかに上なんだよ。

神様のつくるものは、生成発展が基本です。科学や経済はもちろん、人間の能力、魂レベルなんかも、生まれ変わるたびに向上するのが当たり前なの。**だんだんよくなっていくものであって、低下して悪くなることはありません。**

つまり、後から生まれた人の方が、潜在能力とか魂レベルは上ってことになる。魂には過去世の経験もすべて記憶されているから、総合的に見ると、子どもの方が経験値だって高いんだよね。

この世界で、肉体を持つ人間としての視点で見るから見誤るのであって、魂の目で見たら、むしろ親が子どもの意見を参考にすることを考えた方がいい。実際、そんな場面ってたくさんあるんです。

さっきの話でもさ、親の時代には、いまみたくスマホなんてなかった。なかったものは、詳しくない。

その点、いまの子はデジタルネイティブとか言われるでしょ？ 生まれたときから、スマホやインターネットが存在する。

そんな環境で培《つちか》われる思考力や知恵を、親は持ってないんだよ。だったら、子どもに教わるしかないじゃない。

圧力をかけて禁じるどころか、「こういう便利なものを使うと、子どもの可能性はどんなふうに伸びるのかな？」って、そういう高い視座、肯定的な考え方を持たなきゃいけないの。

人間は、自分の知る範囲でしかものを言うことができません。すべて、自分の経験から判断します。

学歴重視の時代を生きた親は、いまだに学歴信奉の世界から抜け出せず、英語や数学が必要だと言う。学校の先生も、自分の仕事にそれが必要だったから、生徒に「勉強は大事だぞ」って言うんだよね。

動画やゲームを否定するのは、自分たちの時代には必要なかった（存在しなかった）からなの。知らないから、言いようがない。それで、否定に走るわけです。

でも、いまどきは学歴のいらない仕事もかつてに比べてはるかに増えたし、むしろそっちの方が豊かになれる場合も珍しくない。動画でもゲームでも、それに関連する仕事は山ほどあります。

そこを、大人はもっと見ましょうよって話なんだよね。

一人さんに言わせると、親は子どもより20年は遅れてるからね（笑）。そんな古い価値観でものを決めつけるから、なんでもダメダメになるんです。

いま流行しているものは、いまの時代に必要だから、大勢から支持されるの。それを使いこなすことで、幸せに、そして豊かに生きられるようになっているんだよ。

神様は、この世界に無意味なものは絶対に出さないし、誰のことも困らせません。困らせるのは、「あなたのため」と言って、大人がデタラメを言うことです。大人の勘違いが、未来を担《にな》う子どもたちを惑わせ、困らせているんだ。

やりたいことは、それが自分に必要なんです

ミュージシャンになりたいとか、俳優になりたいとか、そういう人がいるとします。

で、言っちゃ悪いんだけど、傍《はた》から見て「この人にはちょっと難しいだろうな」と思うようなタイプだったとするじゃない。歌も演技も、こりゃひいき目に見ても売れそうにないな、とかって（笑）。

でも、そのときに周りは、「やめた方がいい」「うまくいかないよ」みたいな、水を差すようなことは絶対に言っちゃダメなんです。

本人が心底やりたいことは、その人にとって必要なの。

売れるはずもないのに、どうしてその道に進む必要があるんですか？

それはね、売れることとは別のなにかがあるんです。

行った先で知り合う人とビジネスで成功するとか、心をゆるし合える無二の親友やパートナーが見つかるとか。

歌や演技ではうまくいかなくても、作曲家、脚本家として才能が開花することもあるだろう。いままで自分では考えたこともないような、自分にぴったりの仕事に出合えるかもしれません。

魂は、その道に進むことが自分に必要だと知っています。だから、どうしようもなく惹《ひ》かれるし、反対されても行きたくてしょうがないんだよね。

それを知らない周りが勝手な判断で反対すると、その人の人生が狂っちゃうの。行くべき方向へ進めないことで、困ったことばかり起きる人生になる。

本人が望む道は、それがどんなに無謀に見えても、いったんは進ませてあげないとダメなんだよ。

場合によっては、行った先で嫌な目に遭《あ》うかもしれません。そういうときも、「ほら見ろ、だからやめとけって言ったんだ」なんて嫌味を言うものじゃない。

問題が出てきたということは、そのことを学ぶ必要があったからで、その学びが人生の転機になるかもしれないわけです。それこそ、魂レベルがドカンと上がってさ。

と思うと、その道には最高の修行があったわけだから、やっぱり自分の思う通りに進んで正解だったということになる。

失敗や困りごとは、一見、不運の顔をしていますが、幸運であることも多いんだ。


魂が指し示す道に、間違いはありません。

だから、周りになにを言われても、簡単にあきらめてはいけないよ。そして、自分が誰かの行動に反対したくなったときは、その人の魂、その人のなかにいる神様を信じて応援してあげな。

本当にやりたいことは、それに挑戦することで必ず道が拓《ひら》けます。

その道の先に、あなたが真に求める幸せがあるよ。

幸せになりたかったら、なにも望まないこと

幸せになりたかったら、なにも望まないことです。

といっても、欲を持ってはいけないという意味ではありません。欲はすごく大事なものだから、持ってなきゃダメなの。

お金が欲しいとか、きれいになりたいとか、恋人が欲しいとか、そういうのは絶対捨てちゃいけません。

じゃあ、なにも望まないというのはどういう意味ですかって言うと、欲のスタートに幸せを置くんだよね。幸せから始める。

たとえば、もっとスリムになりたい、もっと足が長かったらいいのにって、そんな欲があるとするじゃない。

このとき、「自分は太っていて魅力に欠ける」「足が短くておしゃれな服が似合わない」とかって、そういうスタートにしてしまうと、望めば望むほど、理想から離れていくんだよね。思うようにならないから、心が荒れて、ますますうまくいかない。

なぜかと言うと、自分では望みだと思っているんだけど、それって不平不満なんだよ。不平不満の波動になる。

そうすると、今日の波動が、明日もまた不平不満を呼ぶ。明日の波動が、明後日《あさって》の自分にさらなる不平不満をもたらすわけです。

いっぽう、「ダイエットしたら、この洋服がバッチリ似合って、ますます幸せな気持ちになるだろうな～」「足が短くても超おしゃれに見えるセンスを磨いたら、自分も幸せだし、それをみんなに教えてあげたら喜ばれちゃうな～」とかって、幸せを基準に考える人は、本当に理想の自分を手に入れます。

ちょっとした努力でするっとやせるとか、足が長く見えるファッションの研究を極めて、本当に足の長い人に見えるとか。しかも、そのことが仕事につながって、お金まで入ってきたりするんだよ。

もともと幸せだけど、欲を持ったことでさらに幸せになる。一段階も、二段階も、幸せ度が上がるわけです。

幸せな人には、幸せになる特徴があるんです。

この宇宙には幸せになるための絶対的な法則があって、その法則通りに生きていると、誰でも絶対に幸せが訪れます。

幸せからスタートするというのは、まさにその法則なんだよね。幸せな人を見ていると、まずこの法則から外れていないの。

高いところで手に持っているものを離せば、100％下に落ちます。一人さんが持ってるものだけ、なぜか上に落っこちるってことはありえない（笑）。

その歴然たる事実と同じで、幸せの法則に従っていれば、幸せにしかなれないんだ。

まずは21日間、明るい言葉を使ってごらん

願望を幸せからスタートさせるには、言葉を変えるのがいちばんです。言霊の力を借りて、自分のなかに明るさのタネをまくんだよね。

毎日、何度も繰り返し「幸せだなぁ」「恵まれてるなぁ」「感謝だなぁ」とかって、明るい言葉を使ってごらん。ハァ～ってため息が出ても、すかさずこういう言葉をくっつけたら、それでため息の波動はチャラになるの。

何日かこれをやってるだけでも大違いだけど、明るい波動を根付かせるには、21日間やり続けてみて欲しいんです。

そうすると、心の表面的な波動は、ほぼ入れ替わるんだよね。

ニワトリの卵って、産卵から孵化《ふか》までに、おおよそ21日間かかります。21日間とい

うのは、自然の摂理で、命が誕生するのに必要な日数なの。

波動を変えるのも、いわば心の生まれ変わりだから、21日間というのが一つの目安になります。

心の奥深いところに根付いてしまった不幸グセみたいなものは、そう簡単に消すことはできないかもしれない。

けれども、最初に表面だけでも変えちゃえば、あとはだんだんと奥深いところにも幸福感が浸透していって、ガンコな不幸グセもいずれパリンと割れて消えます。

それって本当ですかって思うかもしれないけど、少なくとも、私がこれまでにかかわってきた人は、みんな本当に変わっているんだよね。一人さんの言う通りにしたけど不幸なままです、前より不幸になりました、とかって人はいないの。

もしそういう人がいたら、それは一人さんの考え方が合わないってことだから、お師匠さんを変えて、別の人に幸せになる方法を教われればいいと思います。

幸せになれるんだったら、どんなやり方でもいい。一人さん流は、あくまでも「こういうやり方もありますよ」っていう、一つの提案だからね。

ただ、一人さんから教わりたいんだったら、「こうするといいよ」というのを、まずちゃんとやってみることですよ。

明るい言葉を使おうねって教わったら、四の五の言わずにやる。

結果が出ない人って、言われたことをちゃんとやってないんです。今日はがんばっても、明日にはもう忘れて、不平不満とか泣き言をこぼしてるんだよね。で、「これじゃいけない」ってまたやるんだけど、何日かすると、文句がポロポロ出てくる。

それでは、結果が出ないのは当たり前だよな。一歩進んでは、一歩戻り……というのを延々繰り返してるわけだから。

いくらプラスの言葉を使っても、それと同じだけマイナスの言葉を口に出したら、ゼロのままなんです。場合によっては、プラスよりもマイナスの方が多くて「前より不幸になった」ということになるんだよね。わかるかい？

いい波動も、悪い波動も、同じように積み上げられます。悪い波動だけが2倍になるとか、そんなことはありません。

明るい言葉をたくさん使えば、必ず明るい波動になります。

過去からの積み上げがどうであれ、いまの自分がここから明るいものをどんどん積み上げていけば、未来は間違いなく明るいものとなる。

このことを忘れないで、まずは21日間、明るい言葉を使ってみな。

本当に、いいことが起きてきますよ。

第 3 章

人生は喜劇。ぜんぶ笑いに変えちゃいな

「アイ アム ア ボーイ」の行方

一人さんは小学生のときから筋金入りの勉強嫌いで、まともに学校へ行かないし、授業にも出ない。

宿題にいたっては、やったためしがないぐらいなんです（笑）。

そんな少年時代だったので、しょっちゅう先生に叱られてたの。

中学生のときには、ある先生にこんなことを言われました。

「これからは国際社会だから、勉強が苦手でも、英語ぐらいはちゃんと勉強しておかないと将来困るぞ」

もっともらしいアドバイスです（笑）。ふつうとはちょっと考え方の違う私は、にわかに先生の言うことが信じられないわけだ。

それで教科書をじっと見るんだけど、自分に必要なものとは思えなかったんだよね。

で、言いました。

「先生、これいらない」

って（笑）。

一人さん的には、どう考えても自分に英語は必要ない。そう思ったから、素直な心で「いらない」と言ったわけですが、先生としては、「斎藤君はあまりにも勉強ができないから、ヤル気が出ないのだろう」とでも思ったのでしょう。

その後も、繰り返し勉強するように言ってくるんですよ。

あまりにもしつこいものだから（笑）、一人少年も「ここは先生の言う通りにしてみるか」って、1個だけ覚えた。

それはなにかと言うと、教科書の冒頭にあった、

「アイアム ア ボーイ（私は少年です）」

という英文なんだけど。いまだに覚えてるんだから、大したものでしょ？（笑）

その後、どうなったか。

冗談みたいな話なんだけど、この英文を一度も使わないうちに、私はボーイではなくなった（笑）。せっかく覚えた英文も、ついぞ披露するチャンスがないままに終わってしまったわけだ。

あのとき、一人さんが教科書を見て「これはオレに必要ないものだ」と感じたのは、魂の声だったんだよね。

英語の教科書に載ってる内容は、ただの一行も、斎藤一人の人生にはいらなかったことが証明されたわけです。

自分の直感というのは、やっぱり正しい。

意に反することを誰かに強要されても、絶対に揺らいではならない。

自分を変えようとしてはいけない。

私はその一件で、しみじみ学んだのでした。

もちろん、世の中には英語が必要な人も大勢いるし、そういう人はしっかり勉強したらいいんです。

じゃあ、どういう人に英語が必要なのかというと、英語を見たり、聞いたりしたときに、心地よさを感じる人です。英語に触れるとワクワクする、外国人との交流が楽しい場合は、英語が必要な人なんだね。

それと同じで、方程式でも物理学でも、好きな人は嫌悪感なんて抱かない。知恵の輪にでも挑戦してるみたく、楽しくて魅力的なゲームに思えるんです。

こういう人は、気が済むまで勉強すればいいし、そのことで道が拓かれるよ。

ワクワクしたり、なぜか惹かれたりするものは、「そっちに進みな」という魂からのお知らせです。

いっぽう、まったく興味が湧かないことは、「これじゃない」というサイン。

世間の常識にどっぷり浸かった人の言葉に惑わされちゃいけないよ。

聞くべきは、自分の魂の声だからね。

落ち着いて見えるのはくたびれてるだけ（笑）

人間は、みんな未熟です。未熟でない人は、この世に一人もいません。

もし完璧な人がいるとしたら、その人はもう地球で修行をする必要がないわけで、ここに生まれてくるはずがないんだよね。

いま肉体を持って存在するということは、間違いなく未熟なの。まだまだ、地球で学ばなきゃいけないことがいっぱいある。

もちろん、大人だってめちゃくちゃ未熟なんだよ。一人さんだって例外じゃない。

大人ってさ、成熟した雰囲気があるというか、落ち着いて見えるじゃない。

あれ、落ち着いてるわけではないの。長生きして、くたびれてるだけなんです（笑）。

肉体は、年齢とともにどうしてもガタがくる。年を取れば疲れやすくなるんだよね。

それは自然の摂理で仕方のないことですが、とにかく大人というのは、くたびれて動きが鈍いだけで、落ち着きがあるとかって話じゃない（笑）。

子どもの目には、大人って立派で頼れる存在に映ります。

だけどその実態は、ただ外見が変わっただけで、若いときと全然変わらない。大人になってみるとわかるんだけど。

もっと言うと、子どもと同レベルどころか、魂は子どもよりもレベルが下なの（笑）。

ただ、大人のなかでも「魂レベルが高いなぁ」と感じる人もいる。そういう人は、こういうことを知ってるんだね。**自分が未熟であることをわきまえ、長生きしても偉ぶることがない。**

子どもになにかを強要するとか、パートナーを束縛するとか、頭ごなしに部下を怒鳴るとか、ちょっと出世したからってふんぞり返るとか、そういうのは自分の未熟さを知らない人のやることです。

本当のことを知っていれば、「みなさんのおかげです」「今日も生かされて幸せです」「ありがたい、ありがたい」ってなるのが当たり前なの。

明るく肯定的で、感謝を忘れず、自分の周りにいる「いい人」を大切にできます。


親や上司、先生といった立場にあり、誰かを見守り、導かなきゃいけない人は、このことを頭に叩き込んで、間違った指導をしないことですよ。

相手が子どもだからって、甘く見ていいわけがない。子どもだって一人の立派な人間であり、その人の魂を信じてあげなきゃいけません。

子どもは子どもで、魂の声を聞きながら自分らしい道へ進みます。

愛をもって見守っていれば、なんだってうまくいくんだよね。


そして、あなたがいま教わる立場にあるんだとしたら、親や上司、先生に、「この人も未熟なんだ」「くたびれてるなぁ（笑）」という前提を持つことだね。

もちろん、今世というステージでは、年上の人たちは自分よりも少し経験があるからね。それを踏まえて、アドバイスのなかに、自分に必要だなと思うものがあれば、そこはありがたく受け取ればいい。

だけど、お節介の場合は華麗にスルーです（笑）。

真心からのアドバイスと、お節介を、混同してはいけませんよ。

若いときって　つらいことだらけなんです

大人って、子どもに言うんだよね。「学生時代がいちばんいい」「楽しいのは若いうちだけだよ」とかって。

これも、真っ赤なウソです（笑）。

いまがいちばんいいとか、若いときしか楽しめないって、そんなワケない。

大人は、子どもにこういうウソを教えちゃダメです。

一人さんの見解を言いましょう。

まず、学生時代ってそこまで楽しくありません。いや、学生だからこその楽しみというのはあるよ。初恋を楽しむとか、学校をサボって友達と遊ぶとか（笑）。

でもね、行きたくもない学校に入れられて、無理やり勉強させられて、周りの大人から圧力かけられて。そういうのは本当に嫌だね。

私に言わせると、学生時代は人生でいちばんつらいときだった（笑）。

学校では、毎日宿題が出ます。

宿題ってさ、社会で言うところの残業なの。毎日残業させるなんて、ふつうに考えておかしいよな。

しかも、仕事で残業する場合は、残業手当がもらえるんだよ。宿題は、どれだけやっても1円の手当もない。タダ働きもいいとこだよ。

毎日、タダ働きで残業させる会社は、ブラック企業と批判されるの。それが、舞台が学校となるとなにも言われないんだよな。

こんな理不尽なことってあるかい？（笑）

部活動でもさ、先輩がまるで軍の隊長みたいに恐い。先輩の言うことは絶対で、間違ったことを言っても、それを指摘できるムードがないんです。

先輩の使い走りに、身の回りの世話。そういうのも、当たり前にある。

社会でこんなことやってたら、パワハラ問題で大騒ぎになるよ。

と思うと、若いときってつらいことだらけなの。

実際、一人さんは社会に出て驚いたね。世の中は、かくもやさしいものかと。

大人は口を揃えて、「社会に出たら大変だぞ」って言う。けど、全然そんなことなかったんです。

働いたらお金がもらえるし、仕事の場は、知恵を出しさえすれば、自分より強い相手にも簡単に勝てるの。一人さんにしてみれば、天国でしかない。

大人は、子どもにこう言うべきです。

「おまえ、いまがいちばんつらいときだから、少しの辛抱だよ。もうちょっとしたら、社会に出て、自由で楽しい人生が始まるからね」

それを、お母さん（お父さん）は大変なんだとか、家族を養うために忙しいとか言う。じゃあ、あなたずっと家にいられますかって言うと、そんな退屈なことは絶対できないんだよ（笑）。

家にいてもつまらない。仕事をしてお金を稼ぐ方がよっぽど楽しい。だから、みんな働くわけです。

大人が脅《おど》かし過ぎると、子どもは社会に出ることを恐れます。

だから、ちょっとでも社会に出るのを遅らせようとして、勉強が嫌いでも大学や専門学校に行こうとするんだよね。

勉強が好きな子は進学すればいいけど、そうじゃないのに学校へ行ったって、楽しくもなんともない。君、専門に勉強するほど勉強好きなのかいって話でさ（笑）。

早く社会に出たら、同級生より早くお金を稼げるようになるし、出世だって早いかもしれない。

好きでもない学校へ行くなんて、これほど時間のムダはないんです。親にしても、余計な学費がかかることになる。

大人が「社会に出たら楽しいぞ」「お金も稼げて、もっと自由になるよ」とかって本当のことを教えると、子どもは社会に出ることが楽しみになる。

そして、楽しみにしている人には、本当に楽しい未来が出てきます。

人生の明るさが全然違ってくるんだ。

頭ばっかり鍛えてもしょうがない

子どもに「大学へ行け」「勉強しろ」とやかましいお母さん（お父さん）に、自分がもう一度学校へ行けばいいのにって言うと、まず嫌がるんです。仕事があるとか、忙しいとか、なんだかんだ理由をつけて行かない。

これほど、学生時代がつらいと証明していることはありません。親も行きたくないところに、子どもが行きたいわけないよな（笑）。

そんな親には、こう言ってやればいいんです。

「お母さん（お父さん）は勉強好きだから、ここまで育ててくれた恩返しに、私がしっかり働いて大学に行かせてあげる。思う存分、勉強していいよ」

親はひっくり返るだろうね（笑）。


これだけコンピューターが発達してるんだから、もう、学歴とか言ってる時代じゃないんです。勉強は、本当にそれを好きな人がやればいいのであって、好きでもない人まで無理に大学へ行かせる必要はないんだよ。

そもそも、人間がどれほど勉強しても、コンピューターに勝てっこない。

日本でいちばん頭のいい人と、コンピューターが勝負すると、間違いなくコンピューターが勝ちます。

コンピューターには、国語辞典から六法全書、あらゆる専門書までぜんぶ入っている。

どんな天才でも、わからないことがあるとコンピューターで調べるんだよね。頭のいい人も、コンピューターに支えられながら生きる時代なの。

じゃあ、人間がコンピューターに勝てるのはどこですかって言うとね。

相手を思いやる気持ち。

人の心を踏まえながら出す知恵。

そういう部分なんです。

コンピューターには、人間みたいな愛はありません。一人ひとりの個性を認めながらベストな知恵を出せるのも、人間ならではの能力なんだよね。

コンピューターに勝てないのなら、コンピューターにはできないことを極める。

そこに人の幸せがあるのだと、一人さんは思います。

難しい話ではありません。

ありがとう、うれしい、ごめんなさい、みたいな言葉を、ふつうに言えること。自分にも、周りにも、愛を出すこと。

たったそれだけなんです。

これができて、なお勉強もできるのはマルだけど、最低限の挨拶もろくにできないのに、頭ばっかり鍛えてもしょうがないよな。

人間の基本は、時代なんて関係なく、どんなときも愛です。

嫌な勉強を無理強いしたり、行きたくもない学校へ行かせたりすることよりも、大事なものはいっぱいある。

そもそも、相手の嫌がることを押し付けるって、それ自体、愛がないよな。親がまず、愛とはなにかをわかってない。

言っちゃ悪いけど、子どもに勉強させるより、お母さん（お父さん）が愛を学んでください（笑）。

喧嘩はレジャー。それが明るい人の生きる道

夫婦でも恋愛でも同じなんだけど、喧嘩しなきゃいいってわけじゃない。

わざわざ喧嘩をすることはないですが、育った環境も、考え方も違う二人が一緒になれば、衝突するのは当たり前。喧嘩しない方が珍しいと思います。

特に、結婚は人生でも最高レベルの試練だからね。

婚姻届を出した瞬間、修行が始まるんです。試合開始です（笑）。


結婚相手について、多くの人は、「自分といちばん相性のいい人」と思いがちなんだけど、本当はそうじゃない。

心底惚《ほ》れて一緒になったつもりでも、半年、1年、3年……と時が経つにつれ、おかしいぞって思うことが増えてくる。

あれほど好きだった相手なのに、いつの間にか熱い思いはすっかり冷め、気が付けば喧嘩ばかりなんだよ（笑）。

でもね、そのなかに学びがいっぱいあるんです。

人は、絶対に自分の思い通りにはなりません。この世界で変えられるのは、自分だけなんだよね。

相手は、「変わりなさい」という圧を感じると、ものすごく不快になる。たとえ変わった方が自分にトクだとしても、そのことを人から強要されると、途端に反発したくなるものなの。

あなただって、自分では「こういうところは直した方がいいな」と思っていても、ほかの人から「直した方がいいよ」と指摘されたら、素直に認められないことがあるんじゃないかな？

で、滅多に会わない相手だったら黙っていられることでも、家族としてずっと一緒にいるとなると話は違ってくる。強要はよくないと思っていても、つい、相手を変えようとしちゃうんだよな。

だからこそ、家庭は素晴らしい学びの場になる。

自分のいちばん近くにいるパートナーをどれだけゆるせるか、大切にできるか、そんなことを、喧嘩しながら学んでいくんだ。

というか、人生って紆余曲折《うよきょくせつ》あるから楽しい。

回り道をしたり、迷子になったりするから、正解の道を見つけたときは感動も大きくなる。ずっと正解ばかりじゃ、それはそれで味気ないじゃない。

夫婦喧嘩で皿が飛んだり、コップが割れたりして血みどろになるのも、人生の彩《いろど》りです。言ってみれば、楽しいレジャーなの（笑）。

夫婦喧嘩は犬も食わぬ、なんて言うじゃない。

血みどろになりながらも添い遂げて、死の間際に、パートナーに「今世、君のおかげで刺激的だったし、楽しかったよ。来世でもまた皿を投げ合おう（笑）」なんて冗談を言えたら最高だよな。


こんなふうに考えるのが、明るい人なんです。

夫婦喧嘩をいちいち深刻に捉えず、それも楽しい人生、喧嘩もレジャーだと思っていれば、かえって喧嘩しなくなるものです。

で、どうにも相手がゆるせないんだとしたら、それはもう一緒にいない方がいいってことだよな。

我慢を続けても、そこからは恨みしか生まれません。一緒にいても、恨み合うばかりで苦しい人生になっちゃうからね。

誰も研究していない研究所(笑)

一人さんが創業した「銀座まるかん」という会社は、もともと、「銀座日本漢方研究所」というのが正式名でした。

いかにも、難しいことを研究してそうな名前でしょ？　でも、実態は少しも難しくない。

なぜかと言うと、うちは誰も研究してないから(笑)。

誰も研究していないというのは、もちろん一人さんも含まれます。だけど、商品開発をしているのは私なんだよね。

開発をしているのに、研究員は一人もいないという、なんとも変わった会社なの(笑)。

じゃあ、一人さんはどうやって商品開発してるんですかって言うと、いつも神様がアイデアをくれるわけです。私がなにかを研究しなくても、研究したような――いや、それ以上の知恵が勝手に浮かぶんだよね。

たとえば、「足や腰の関節にいいサプリメントが欲しいな」と思ったとする。

思ったらすぐ、天の神様にお願いするの。「こういうのをつくりたいです」って。

別に、お百度参りみたいな大変なことをするわけでもない。ただ、頭のなかでつぶやく程度のことです。

そんなものだから、お願いした本人すら、翌日にはもう忘れちゃってるぐらいなんだけど（笑）。

でもね、それから1～2カ月ぐらいすると、突如としてポンと知恵が浮かぶ。この原料を柱に、あれとこれを入れて……みたいな処方が、不意に出てくるんだよね。

で、それを紙に書き留めて、工場へ持って行く。

工場の人には、紙を渡して「ここに書いてある通りにつくってください」と伝えるだけなのですが、出来上がってみると、少し前に「こういうの欲しいな」と思った、まさにそれがドンピシャで形になってるわけだ。

信じられない話かもしれないけど、うちの商品はぜんぶ神様にアイデアをもらったものばかりなんです。本当に、自力で研究したことはありません。

しかも面白いのは、どの商品も、ヒットか大ヒットなんだよね。手前味噌で恐縮だけど、「この商品はダメだったなぁ」というのがない。

ふつうは、苦労の末に商品を開発したとかって言うんです。

だけど一人さんの場合、ひとつも苦労してないのに、いつも成功しちゃうわけだよ。

これと同じことがみんなにもできるかどうかと言うと、できない人もいるんです。

でも、一人さんと同じことができる人もいるの。

その差はなにかと言うと、

「人生を楽しんでいるかどうか」

という点なんです。

ようは、いつでも心を明るくしてますかってことだよね。

苦しんだり、悩んだりしていると、神様はアイデアをくれません。というか、くれるのですが、心の暗い人にはそれが見えないの。

人間の目は、暗闇ではほとんどなにも見えません。それと同じで、心も光が差してないと、神様からのお知らせに気付けないいんだよ。

神様のアイデアがもらえない人は、自分の努力でなんとかするしかないわけですが、人間が絞り出す知恵なんてたかが知れています。所詮、人間が考えつく程度の知恵しか出てこないの。

しかも、苦しみながら出した知恵となると、これは苦しい波動の知恵だから、結局、苦労のわりに報われない。

その点、いつも明るい人は、神様のお知らせにも敏感です。心の目は見通しバッチリで、降りてきたアイデアを見逃すことがありません。

こういう人には、一人さんに起きているのと同じ現象が起きるんです。

ふとどき不埒な動機って最高だね

人は、欲を持たなければいけません。すべては、欲から始めるのが正しい。

真面目な人は、欲を持つのは悪いことだとか、欲が強いと身を滅《ほろ》ぼすとかって言うんだけど、それは人の迷惑をかえりみないで自分のワガママを通すだけの、間違った欲を持ったときの話なんです。

健全な欲というのは、自分を幸せにしてくれるし、それによって人のことも幸せにすることができる。最高にいいものなんだよね。

だから、神様は私たちに欲というものをつけてくれたわけです。

たとえば、お金が欲しいとするじゃない。その欲を、「人から奪ってでも金持ちになってやる」みたいな方向に膨らませちゃうから破滅するわけ。

そうではなく、自分や、自分の周りにいてくれる大切な人たちが、ますます幸せになるためにお金が欲しいなぁ、そのために仕事をがんばるぞって思うぶんには、これは健全な欲なんです。

こういう欲は、強ければ強いほど、成功の道へ導いてくれるんだよ。

で、一人さんの場合は「いい女を連れて歩きたいなぁ」から始まっている（笑）。女性にモテると言えば、愛があって、さらに仕事のできる男だなってことで、私はここまできたわけです。

そんな不純な動機でいいんですかって、本能が喜ばないことは、動機付けとして薄いんだよね。

人間は、本能がもっとも強い力を握っています。理性にはとうてい成しえないことをやってのけるパワーがある。

本能の力を引き出さなきゃ、図抜けた成功なんて得られないの。わかるかい？

ふとどき不埒《ふらち》な動機は、本能を強く刺激します。そうすると脳は、「これでいい女にモテるのなら、やってやろうじゃないか」って、ガゼンやる気を出すの（笑）。

出世して社会の役に立ちたいとか、会社をつくって従業員を幸せにしたいとか、体裁を気にして立派なことを言い出す人がいるんだけど、それじゃダメなの。まず本能が動かない。

あのね、どんなに立派なことを言ってても、本能のない人はいません。みんな、なにかしら不真面目なことを考えてるものなんです（笑）。

あんまり真面目なことばっかり言ってると、チラッと本能が見えたときに「この人、こんなこと考えてたの⁉」とかって周りがドン引きして、かえって自分の評価を下げることにもなりかねないよ。


女性だったら、もっときれいになるためにお金持ちになろうとか、思い切りおしゃれが楽しめるように仕事をがんばろうとかって、そういう欲は最高なんです。

結婚して専業主婦になったとしても、正当なる欲を持った奥さんがいれば、旦那は必ず出世します。奥さんがおしゃれしていつも明るく笑ってたら、その明るい波動で旦那までうまくいくんだよね。

好きなことを楽しんでる奥さんって、家のなかに福の神がいるのと同じなの。

だから、欲を持つことをためらっちゃいけない。

本能のままに、欲を持ってください。

一人さんがメディアで顔を出さないワケ

私は、テレビにも、雑誌にも、インターネットにも、自分の顔を出したことがありません。出ないのには、出ないわけがあるんだよね。

これは、ある地方でコンビニへ行ったときのエピソードなんだけど。


一人さんは本が好きだから、「へぇ、こんな雑誌もあるんだな」とか思いながら、本の棚を見ていたんです。

すると最後、棚の端っこにエッチ本が置かれている（笑）。こういうのは青少年の教育によくないよなぁと思ったの。でもまぁ、試しに1冊買ってみようかって（笑）。

レジでお会計をお願いしたところ、店員さんが私の顔をじっと見るんです。オレの顔になにかついてるんだろうか……、なんて不思議に思ってたら、店員さんがハッとした顔で言うわけ。

「一人さんだ！」

なんで私だとバレたんだろうか（笑）。

しかもその店員さん、お会計もしないで「ちょっと待ってください！」って電話をかけ始めたの。で、続々と、家族だの知り合いだのが来ちゃった。みんな、一人さんファンなんだそうです。

いや、それはありがたいことなのですが、エッチ本はずっとレジの台に置かれてるわけだ（笑）。

それでもなんとかお会計をしてもらったんだけど、その間に人が人を呼んで、私、ますます大勢に取り囲まれちゃったの。「握手してください」とかって。

手には、さっきエッチ本を入れてもらったビニール袋を提《さ》げている。しかも、中身がバッチリ透《す》けて見えるんです（笑）。これはどうしたものか。

仕方がないので、私は、エッチ本が透けて見えるビニール袋を提げたまま、握手大会に応じたのでした。

それまでも、私はメディアには出ていなかったんだよね。にもかかわらず、こんな修行があるわけです。

私は人一倍、自由人です。いつでも、気の赴《おもむ》くままに旅に出たいし、どこにいても素の自分でいたい。

一人さんは女性が大好きだし、エッチ本だって、好きなときに買って、好きな場所で見たいんだよ（笑）。

それができなくなるのは困るから、もともと目立つのは嫌なんです。と思って露出してこなかったのに、それでも逃げ切れないという。

ありがたいことに、メディアの人とか、一人さんファンでいてくれる方々からは、

「一人さんの顔が見たい」というリクエストをたくさんいただきます。

だけど、そんなわけで私はますます、人前に顔を出すことができません。あんな修行は、もうコリゴリなんです（笑）。

で、もしあなたがどこかで一人さん（かもしれない人）の姿を見かけることがあって、そのときにエッチ本を手に持ってたら、気付かないふりで素通りしてもらえるとうれしいです（笑）。

第4章

感謝のあるところに光は差す

一度知ったものは、なかったことにできない

この世界は、絶えず向上し続けます。

それが原理原則で、なにがあっても変わることはありません。

自然災害や戦争などにより、人間の暮らしは、ときに壊滅的な被害を受けることもある。けれども、そのことで進化が止まることはないんだよ。

人間も、そして人間が築く社会も、絶対に後戻りしない。


人類はすでに、高層ビルをつくる方法を知っているし、実際に建設するだけの力も持っています。みんな、高層ビルというものを知っちゃったんだよね。

だから、建てたビルがいくら瓦礫《がれき》になろうとも、再び建設するの。

車だって、エレベーターだって、エアコンだって、それがない生活はもはや想像す

らできないでしょ？　失っても、失っても、必ず新たにつくり直すのが人間なんです。

しかも、ただつくり直すだけじゃない。前よりも、さらにいいものを生み出す。

いくら破壊されても、建設の方が上なんです。

一度知ったものは、なかったことにはできないし、過去の暮らしに戻ることはありません。

また、よく「十年一昔」と言われるんだけど。

言い換えると、10年でひと回り成長するというイメージなのですが、一人さん的には、これもすでに古い。

いまや、ひと昔とは数年前を指します。一人さんの感覚だと、だいたい3年ぐらいでこの世界はひと回り成長する。

成長のスピード自体も、人類は進化し続けているってことだよね。

それに加えて、ゆとりまで持てるようになってきたのが現代人だと思います。

昔は、成長するだけでみんな必死だったし、それこそ脇目もふらず走り続けました。

当時はそれで幸せだったわけだけど、人は向上する生き物だからね。

もっと幸せになるためには、ゆとりが必要だ。

そんなことにも気付ける人が増えてきて、だんだん、ゆとりを持ちながらもスピードを出せるようになってきたわけです。

ゆとりとスピードの両立は、最先端の技術とか、高性能なコンピューターやなんかにも支えられているとは思うけど、それよりもっと大きいのは、人類の魂レベルが底上げされたからである。

そんなふうに、私はこの世界を見ています。

あるものに感謝し、大事なものを守る

でもね、かつての何倍もスピード感ある現代社会でもなお、やっぱり新しいものを生み出したり、壊れたものを修復したりするのには時間がかかります。

丹精込めてつくり上げたものが破壊されたら、人の心だって傷つく。やるせない思いでいっぱいになるよね。

だからこそ、せめて人間が自ら破壊行動をするのだけはやめようよって。みんなでつくったものは、みんなで大切にしなきゃダメなんだよね。

あるものに感謝し、大事なものを守る。そんなことも、いま私たちは学んでいるのだと思います。

心についても、同じことが言えます。

毒薬のなかには、耳かきにちょろっとすくっただけの量で、大勢を殺せるほどの劇薬があります。

言葉にも、それぐらいの破壊力を持つものがあるんだよね。

なんでもない言葉でも、そこに毒薬みたいな悪意が込められただけで、人の心は簡単に壊されます。投げられた方は、計り知れないダメージを受ける。

そして、ひとたび深い傷を負うと、周りが全力で愛を注いでも、回復には長い時間がかかるわけです。壊すのは一瞬でも、癒すには何年も要する。

一人さんや、仲間のみんなは、傷ついた人の心を癒したり、肩の荷を下ろしたりするのが使命だと思っています。

そうすると、人を簡単に傷つけるやつがゆるせないんだよ。

誰かの心ないひと言のせいで傷ついた人が、気の毒でたまらない。その傷を癒すのに、いったいどれだけの時間がかかるかわかってるのかって。本当に腹立たしい。

それでも、私たちはあきらめないんです。

あっけなく破壊されることを思うと、努力はムダなようにも見えるけど、一つひとつ、悪いものをひっくり返す力ってすごいんだよ。

自分だけはやり続けるぞっていう信念を貫いてると、だんだん、仲間が増えてくる。

なぜかと言うと、悪いものをひっくり返すのは、魂が喜ぶこと、神様のお手伝いだからです。

神様は、この世界の「目に見えるもの」も「目に見えないもの」も、生成発展するようにつくってくれています。

それを手伝うことは、魂が神様に近付くことを意味します。

つまり、魂が喜ぶことなんだよ。だから、魂レベルの高い人から順に、だんだんに賛同してくれる人が増えていくわけです。

もちろん、神様のお手伝いをすれば、神様にだって喜ばれて後押しがもらえる。私たちの努力がムダになることは、絶対にないんだ。

ほじくり返せばなんだって出てくるよ

地球には、生物が命を育《はぐく》んだり、人間が経済活動をしたり、人生を楽しんだりするための、あらゆるものが揃っています。

水や食料をはじめ、大地をほじくり返せば金属やガス、油といったさまざまな原料が出てくる。病気の治療薬として使える、細菌みたいなものまで用意されているよね。

しかも、神様はそれらをぜんぶ無料で提供してくれる。値段は人間がつけてるだけで、もともとはタダで手に入るものばかりです。


それだけでなく、神様は人間のことも、脳や魂をほじくり返せばなんでも出てくるようにしてくれています。私たちには、無限の可能性がある。

たとえば一人さんの場合、幼いときから病気ばかりしてきました。

昔はいまほど医学が進歩していなくて、薬を飲んでもあんまり効かないんだよ。漢方薬なんかもあれこれ飲んだけど、どうにも体が強くならない。

それで、私はしょっちゅう寝込んでたわけだけど、なにもしないでいるのもつらいから、「この食材が健康にいいらしいよ」と聞けばそれを食べてみたり、自分なりに食事療法をしていたんです。

その流れで、いまで言う青汁みたいなものを自分でつくって飲み始めたんだけど、これがすごくよかった。飲んでると体調がいいんです。

やがて、一人さんの元気な姿を見た知り合いから「ちょっと分けてもらえない？」みたいな注文が入るようになって、だんだんその数が増えていった。

こうしてできたのが、「銀座まるかん」という会社です。


と思うとね、一人さんにとって、病気というのはハンデでもなんでもない。

病気ばかりしてなかったら、自分の会社を興《おこ》そうと思わなかったかもしれないし、病気のおかげで、日本一の商人になれたわけだからね。

しかも、一瞬だけ頂点に昇りつめてあとは急降下……みたいなこともなく、いまだにうちの会社は盤石《ばんじゃく》な黒字経営が続いてます。

自慢じゃないのですが、うちは創業以来、ただの一度も赤字になったことがありません。ずっと成功し続けています。

ふつう、病気ばかりしてると、自暴自棄になったり、いじけたりすることもあると思います。けど、私はそういうのが全然なかったんです。

愚痴をこぼしたって体がラクになるわけじゃない。なら、せめて心だけでも楽しいことを考えていようって。そんな会話を、自分自身としていたわけです。

それに、一人さんは大の勉強嫌いだったからね。病気のおかげで学校へ行かずに済んだのもよかった（笑）。病気のときは、どれだけ家で寝てても咎《とが》められないし、その間に好きな本がいっぱい読めて楽しかったんです。

思えば、私は無意識のうちに、「病気はトクなものだ」と捉えていたんだね。

そのトクな波動があったから成功もできたし、病気ばかりだったとは思えないほど、元気に人生を楽しませてもらっているのでしょう。

病気は、もちろんつらいものです。痛いし、苦しいし、しんどい。泣きたくもなる。

でもね、だからって毛嫌いしても、それで状況が悪くなることはあっても、よくなることはないいんだよね。

ポーカーでも麻雀《マージャン》でも、配られた手に文句を言いながら勝ってる人を見たことがないんです。それは人生も同じなの。

神様から配られた手で勝たなきゃいけないし、その手だからこそ、今世勝てるようになっているんだよね。

持って生まれた脳、すべてを知っている魂をほじくり返せば、必ず勝てる方法が出てくる。あなたの助けになる知恵が出てくる。

それを見つけて使えば、うまくいかないはずがないのです。

その「ツイてない」は本当に不幸なのか

家を出たはいいけど、大事なものを忘れたことに気付き、途中で引き返したことって誰もが経験あると思うんです。

で、決まった時間の電車やバスに乗らなきゃいけないのに、そのせいで乗り損ねたりすると、たいてい「今日はツイてない」とかって言う。

確かに、乗り遅れたら遅刻の可能性があるわけで、焦ってイライラするのもわからないではない。だけど、文句を言うのはちょっと待ってと言いたいんです。

そのツイてないことは、本当に不幸なことなんだろうか？

と考えたときに、もしかしたら、あなたを守るために起きたことかもしれないわけです。

どういうことですかって言うとね。

たとえば、交通事故があるじゃない。あれ、よく考えたら、ものすごいタイミングの一致で事故が起きるんです。

ぶつかるときは、相手とこちらのタイミングがまったく同じなの。時間差0秒の、ドンピシャで合致するから衝突する。

車って、わずか1秒でもかなりの走行距離があります。だとしたら、1秒でもタイミングがずれてたら事故に遭わないいんだよ。

たとえ事故になったとしても、１秒のずれがあることによって、命までは落とさずに済むとか、軽いケガで難を逃れるとか、そんな可能性は大いに出てくるだろう。じゃあ、10秒、１分、５分……と差を開くことができたら？

時間差が大きくなればなるほど、事故を起こすはずの両者は、もはや出会うことすらなくなります。何十秒かあるだけで、車なんてはるか遠くまで走っちゃってもう見えないの。

事故に限らず、さまざまな不運はタイミングの要素がかなり大きいんです。

忘れ物のせいで遅刻するのも、言ってみれば不運のひとつではあるだろう。しかし、ケガをしたり、命を取られたりするよりかはよっぽどマシです。少しぐらい遅刻したって、命まで取られることはない。よほどのことがなければ、「ごめんなさい」のひと言で済んじゃうよな。

忘れ物をしなかったことで本当に事故に遭ってたら、「忘れ物でもすればよかった」と思うに決まってるんです。

あとね、不運を避けてもらったのではなく、うれしいことが起きる道に連れて行ってもらえたってことも考えられるよ。

忘れ物で5分遅れて出社したら、エレベーターで上司に会い、すごく褒められるとかさ。うれしくなってますます仕事をがんばったら、上司に引き立ててもらい出世した、なんてこともあるんじゃないかな。

あるいは、予定していたのとは違う電車に乗ったら、車内でバッタリ初恋の人と再会。そこからまた交流が始まって、結婚することになったとか。


こんなふうに考えると、忘れ物に感謝することはあっても、「ツイてない」と文句を言うのは、一人さん的にはすごく違和感があるんです。

もちろん、単なるうっかりミスで忘れ物をするってこともある。現実的には、そっちの方が多いのかもしれません。

それでもやっぱり、私はこう思います。


「このことで守られた」

「また神様が時間調整してくれた。ありがたいなぁ」

こうして感謝すれば、なにもなかったとしても、自分が感謝の波動になる。それだけでオトクなんです。

と思って、いつだって感謝の心、明るい気持ちを忘れないでいることですよ。

神様のお手伝いに不況はない

世間では、成功するのは難しいと思われているのですが、この地球にあるものは、ぜんぶ神様がつくったものです。土地だの、貴金属だの、お金だのって、あたかも人間の持ち物に見えますが、本当は誰のものでもない。

すべては、神様が持ち主なんです。

で、その神様はとんでもなく気前がいい。

人間に必要なもの、心を豊かにするために欲しいと思うものは、なんでも際限なく、タダで与えてくれます。

神様がくれると言ったものは、絶対にもらえるんだよね。

多くの人は、豊かになるには特別な才能が必要だとか、たぐいまれな強運がないとダメとか、そんなふうに思うんだけど、神様に「これあげますよ」って言ってもらえば、誰でも欲しいものを手に入れることができます。

じゃあ、どうすれば神様からそう言ってもらえるかと言うと、神様のお手伝いをすることなんです。

どこかに働きに行くと、お金がもらえるでしょ?

働くって、「はたがラクになる」ことを指すんです。「はたラク」だから、働くなの。

頭や体を使って働き、その対価としてお金が受け取れるのは、誰かを笑顔にし、人の幸せに貢献しているからです。人に感謝されるから、お金がもらえる。

それと同じで、神様の喜ぶことをすれば、神様からお給料として、あなたの欲しいものがもらえます。

神様が喜ぶことはなにかと言うと、自分も、人も、明るくいることです。

日ごろの言動でも、仕事でも、みんなが笑っていられるようにっていう視点を持てば、神様は笑顔になるんだよ。

私は、人を喜ばせることをしているのに、神様から欲しいものがもらえません。そういう人もいると思うのですが、その理由は明白です。

神様は、「自分も、人も」幸せになることじゃなきゃ喜んでくれないんだよ。

自分にとってメリットのあることをしても、それによって誰かが泣いているようではダメです。また、自分に我慢させて、人のためにばかりでもマルはもらえません。

自分もうれしい。人も幸せ。ひいては、世間様にも喜んでもらえるようなことをしなければ、神様からお給料をもらえないんです。

あなたの生き方は、自分も、人も、みんなが笑ってるかい？

そこを考えて、泣いてる人がいるんだとしたら、その人が笑顔になる方法を探してごらん。うまくできたら、必ず神様からご褒美《ほうび》ってあるんです。

で、みんなに喜ばれる仕事、働き方というのは、不況がなくて強い。神様のお手伝いは「神ごと」で、人間の世界みたく流行《はや》りすたりがないの。

どんな時代でも、人は愛と光を求めます。

それを叶《かな》える仕事に、不況なんか出てくるはずがないんだ。

あなたは、本当のあなたですか？

変な話なんだけど、ゴキブリが嫌いな人って多いでしょ？　あれはね、「ギャーの法則」というのがあって、子どものときに、ゴキブリが出たら「ギャー」って叫ぶ人が家のなかにいたんです（笑）。

子どもから見ると、大人ってすごく頼れる存在なの。その大人が悲鳴を上げるわけだから、ただ事じゃない。とんでもないことが起きたと思っちゃうんだよね。

その記憶が脳に刷り込まれて、子どももゴキブリを見たら「ギャー」って叫び出す(笑)。

もし、家にいる大人が誰も騒がなければ、それを見て育った子も同じように冷静でいられるんだよね。なんてことないわけです。

こんなふうに、幼少期の体験は、その子の人生に大きな影響を与えます。

自覚の有無に関係なく、頭のなかにどんな記憶がインプットされているかによって、人生って全然違ってきちゃうんだよね。

じゃあ、過去の記憶に左右される人生を生きるしかないんですかって言うと、そんなことはない。実を言うと、過去なんて自分でいくらでも書き換えられるんだよ。

一人さんは、このことを「自分探しの旅」と言うんだけど。

自分探しの旅といっても、ご先祖様をさかのぼるとか、ルーツを調べるとか、そんな意味ではありません。

本当の自分は、いったいどんな人間なのか。それを探すことを指します。

自分では、「私はこういう人間です」と思っていても、それって本当だろうかってことだよね。

あなたは、いまの自分がまさに本当の自分だと思っているかもしれないけど、人はみんな、大なり小なり、親や親戚、学校の先生といった、周りの大人から影響を受けて育ちます。

本来の自分とは違うものを、植え付けられているかもしれないわけです。

「おまえは勉強ができなくて困るね」「かけっこが遅くてどうしようもない」「どうしてそんなに気が利《き》かないんだ」

そんなことを、100回も、1000回も言われ続けたら、子どもは、それが本当の自分だと勘違いしちゃうんです。

「私は気が弱いです」とかって言う人も、それが本当の自分とは限りません。昔、誰かに「おまえは気が小さいなぁ」とか言われたことがあって、そう思い込んでるだけかもしれないよ。

でもね、記憶のなかにある過去の自分を振り返り、そういう嫌な記憶を書き換えたら、いまここであなたは変われます。

本当の自分を思い出せるよ。

自分探しの旅で過去を塗り替えな

自分探しの旅の、やり方をお伝えしますね。

用意するものはなにもありません。自分の身ひとつあれば、いつでも、どこでも旅に出ることができます。

まずは、いま自分のなかでコンプレックスになっていることを挙げます。

自分の嫌なところが1個も思い当たらない場合は、あなたはすでに明るい心の持ち主で、じゅうぶん幸せなのだと思います。自分探しの旅をする必要はありませんので、引き続き、毎日楽しく過ごしましょう。

また、欠点や変えたいところがたくさん出てきたときは、そのうちの「これをいちばんに解決したい」と思う一つに絞ってください。

自分探しの旅に出ることで、結果的に複数の問題が解決することはありますが、はじめから「あれも、これも」となると、どこへ旅をするか定まりにくくなってしまうからです。

それで、たとえばいま、あなたは「自信がない」のをどうにかしたいと思ったとします。

もともと人間は、愛と光の存在である、神様の子です。万能の神様と同じわけだから、そのままで完璧なんだよね。

なにひとつ変えなきゃいけないところはない。

そのままの自分だからこそ、自信を持つに値します。

これが、人の本来あるべき姿なの。

ところが、そんな事実を捻《ね》じ曲げるようなことを言ってきた誰かが、あなたの周りにいたわけです。だから、過去の記憶をさかのぼって、その人を探しに行くんだよね。

そういえば、学生時代にいじめられたな。仲間外れ、いいように利用される。つらい毎日が続いて、「自分なんて」という気持ちが深まっていったのかも……。

記憶をたどるなかで、そんなことがわかりました。

だったら、こう考えてごらん。

あなたはいま、いじめたやつのことばかり記憶のなかで再現しているわけだけど、その当時にも、あなたをいじめなかった人はいるはずなんです。

その人たちに、自分は感謝をしてきただろうかって。

いじめの問題は、当たり前だけど、いじめるやつが絶対的に悪い。それは曲げようのない事実です。あなたは、なにも悪くない。

だからといって、いじめなかった人のことを当たり前に思っていいわけじゃないんだよね。あなたをいじめなかった人には、感謝なの。わかるかい？

いままでは、いじめた相手のことしか見ていなかったかもしれないけど、視点が変われば、受ける印象も変わります。

あの子は私をいじめなかった。

先生は、私がいじめられたときに助けてくれた。

うちの親は、いつでも私を愛してくれた。

そういうのを1個ずつ拾い集めるんだよね。そうすると、オセロゲームみたく、黒いものが白にひっくり返ってくる。黒い過去が、感謝という光に変わってきます。


これをひたすらやり続けて、すべてが光に変わり感謝する人がゼロになったとき、はじめてわかる。

自分の周りには、愛のある人が確かにいた。あの頃は、その人たちに感謝できなかったけど、いまはありがたいと思える。それができるようになったのも、あのいじめがあったおかげだな。

驚くことに、いじめた相手にすら感謝が出てくるんだよ。

それは、いじめた相手をゆるすってことではなくて、「もう、あんなやつのことはどうでもいいや」っていう心の安寧《あんねい》なの。嫌な記憶を手放すということです。

で、このときに、オセロの盤面がオールホワイトになって、現実がぜんぶひっくり返るんだよ。

一点の黒もなくなってしまえば、失った自信だって戻ってくる。

そのままの自分で、胸を張って生きられるようになるのです。

人間には、人間が守るべき道理がある

私たちには、守るべき「道」があります。この道とは、剣道とか、茶道とか、そっちの道のことなんだけど。

簡単に言うと、守らなきゃいけないルールみたいなものです。

たとえば、剣道のはじまりは、侍《さむらい》が人を斬《き》るための「斬り技」「剣術」です。人を

やっつけるためのものだったんだよね。

ただ、人を殺し合うような時代はとうに終わった。それをそのまま、現代でやるわけにはいかないから、スポーツとして残っているわけです。

で、そのときに強調されることになったのが、もともと剣術に込められていた、相手を敬《うやま》う大和魂《やまとだましい》の要素です。

戦うもの同士は、まず相手を敬い、「よろしくお願いします」の礼をする。戦いに勝っても負けても、感謝の礼で終わる。

これが、剣の道という礼儀です。

一人さんは、こういう「互いに敬い合う」ことを仁義だと思っているんだけど。

相手がいてくれるおかげで、自分はまた成長できるし、強くもなれる。相手がいるからこそ、自分の弱さもわかる。

そのことに深く感謝を込めて、礼をするんだよね。

これが「道」であり、道を知ることで精神が成長する。器が大きくなるわけです。

これは、剣道や茶道に限った話ではありません。人間にも、守るべき道理があるんだよね。

顔を合わせたら、挨拶をする。それだって道です。

挨拶を軽く見る人がいるけど、挨拶って、単なる掛け声じゃない。

今日も、あなたがいてくれるおかげで私は生きることができます。みなさんのおかげで、私はまた成長させてもらえます。仲間ってありがたいものですね。

そういう、感謝を込めた声がけが挨拶なんだよ。挨拶のひとつもできないのは、人の道理から外れます。

そうすると、神様が「もっと感謝しなさい」と言って、感謝が身につくまで、いろんな試練を出してくれるの。

食事に出かけても、「カネ払ってるんだから、こっちの方が偉いんだ」とかって、威張って「ごちそうさま」も言わずに店を出る人がいるけど、とんでもない話だよ。

10円のお菓子ひとつだって、大勢の人の手がかかってるんです。それを、たかが10円のものにお礼なんか必要ないとか、そんなこと思っちゃダメなんだ。

だったら、あんた10円玉を食べてみなよって（笑）。当たり前だけど、10円玉を食べたって体に悪いだけで、少しもおいしくない。

だけど、その10円で買ったお菓子を食べたら、おいしくて幸せな気持ちになれるんだよね。

10円のお菓子ひとつでも、小麦とかサトウキビを栽培してくれる人、それを粉にしたり、お菓子に加工してくれたりする人がいる。そのおかげで、私たちは自分でお菓子をつくらなくても食べられるわけです。

大量生産できる機械をつくってくれる人がいなきゃ、そのお菓子も、10円でなんて食べられないよね。

お菓子が自分の手元に来るまでの過程を見たら、とんでもない手間がかかっている。「ごちそうさま」「ありがとう」の感謝を伝えるのは当たり前なんです。

守るべき道理は、守る。

それができないままでは、幸せもなにもないよ。

第5章

自分を押し上げる明るい考え方とは？

ライバルも敵も自分のなかにいる

成功したければ、よきライバルを見つけなさい。

そんなことがよく言われます。

これね、捉え方を間違えなければ正しいんだけど、文字通りに受け止めてしまうと、失敗しちゃうことがあるんです。

どこを間違ってはいけないのかと言うと、よきライバルというのは、自分以外の人を指すわけじゃないの。

ライバルって、実は自分自身のことなんだよね。

つまり、よきライバルを見つけるとは、「自分自身がライバルであることに気付く」ことを意味するわけです。

多くの人は、自分と周りを比較することに慣れてしまっています。あの人の方がデキる、私の方が上だな、みたいな感じで優劣をつけたがるの。

だけどそれって、判断基準が他者にあるわけでしょ？　自分のことなのに、他人を基準にすると苦しくなるんです。

もちろん、あこがれの人とか、成功者のやり方を真似するのはいいんだよ。

でも、その人と自分はまったく別の人間だからね。考え方も、性格も、置かれた環境もぜんぶ違っていて、同じようにやっても、その人みたいにうまくいくかどうかはわかりません。

というか、同じことだけやっても、うまくいかないことの方が多いと思います。


じゃあどうするんですかって言うと、**いろんな人のいいところをつまんで、それを自分の個性にくっつけていけばいい。**

最初は自分の実力や魅力だけだったのが、そこに素敵な人のエッセンスが入ることで、ちょっとレベルアップする。それまでの自分より、よくなるよね。

それで、また「この人のこういうところ、いいなぁ」と思える相手が出てきたら、真似できそうなところをもらって自分にくっつける。そしたら、さらに上に行けるじゃない。


いろんな人のいいところを足しながら、自分を成長させていく。

そのときに比べていいのは、自分自身だけなんです。

いまの自分のライバルは、未来の自分。

といっても、遠い未来の自分ではなくて、背伸びすれば手が届きそうな、ほんの少し先を行く自分がライバルなの。

いくら相手が自分でも、はるか彼方《かなた》を行く自分の背中を見ちゃうと、がんばっても、がんばっても、追いつけなくて苦しくなるからね。


過去の自分より、いまの自分の方がちょっとでもレベルアップしていれば、それで100点です。

そして、いまの自分から一歩でも、半歩でも前に進めたら、また100点。

100点なんだから、ここは自分をうんと褒めるところだよ。

日本人は謙虚な国民性のせいか、自分を褒めるのが苦手な人が多いの。だから、褒めて、褒めて、褒め倒すぐらいがちょうどいいですよ（笑）。

それから、一つ大事な注意点なんだけど。自分をライバルにしてがんばろうと思っても、時とともにやる気が削《そ》がれ……ということがあるんです。

この原因は、怠け者の脳にあります。

脳は、新しい挑戦というものをすごく嫌がります。脳にとって、知らないことに取り組むのはめんどくさい。だから、「遊びに行こう」「動画でも見ようよ」とかって、すぐサボる提案をしてくる（笑）。

その怠けグセに振り回されないためには、「その手には乗らないぞ！」「こいつをやっつけちゃえばいいんだな」って、意識的に思わなきゃいけないんです。

実は、脳がいちばんのクセ者かもしれない。

結局のところ、ライバルも、倒すべき敵も、すべて自分のなかにいるってことだね。

人は、一個一個しかできないんだ

おかげさまで私は、いろんな人から、「どうやったら一人さんみたく成功できますか？」と聞いてもらえるんです。

その問いにお答えするとしたら、ただひとつ。

成功するには、自分がちょっと背伸びして手が届くところしか見ちゃダメだよってことなんです。いまの自分にはとうてい手が届かないような、はるか上のことばかり考えてもしょうがない。

できないことは、単なる夢物語で終わっちゃうんです。

もちろん、たまにそういうのを考えて、「こんなふうになったら、ますます幸せだなぁ」って、幸せな気持ちに浸るのはいいんだよ。だって、幸せな気持ちになれば、幸せ波動に拍車がかかって、それがプラスに働くからね。

ただ、できもしないことを思い描くばかりじゃどうしようもない。行動できないことだけ考えててもダメなの。

地球は、行動の星だからね。

自分ができることで動いて、その結果としてなにかが出てくる。それを受けて、また動く。

この繰り返しの先に成功があるんです。

松下幸之助（パナソニックの創業者）は、父親が米相場で失敗し、９歳のときに丁稚《でっち》として働きに出たわけですが、そのときすでに、松下電器（現パナソニック）を興そうと考えていたかって言うと、そんなわけありません。

幸之助少年は、ただひたすら、丁稚先で奉公したの。目の前の仕事を大切にして、一個、また一個と積み重ねていった。

そこから、丁稚先を自転車屋に移したり、電力会社に勤めたりを経て独立。電気ソケットの製造販売をするようになり、それこそ倒産の危機なんかも乗り越えながら、長い時間をかけて大企業へと成長させたんだよ。

あの松下幸之助ですら、いきなり成功したわけじゃない。自分の手が届くところにあるチャンスをつかみ、ちょっと上に上がったら、またそこで手の届くチャンスをつかむ。という繰り返しの先に、大出世があったんです。それまでに培ったものがあるから、あれだけの企業を育てることもできたし、大勢の人だってついてきた。

人は、一個ずつしか上へ行くことはできません。

いっぺんに上がろうとすると、必ずバランスを崩して転んじゃうの。だから、一攫《いっかく》千金《せんきん》みたいなことは考えない方がいいんです。

富士山だって、ふもとからいっきに頂上を目指すことはできないでしょ？　だけど、足を一歩ずつでも出し続けたら、必ず頂上にたどり着くときがきます。

と思って、いまの自分がちょっと背伸びをすれば届きそうなところにある、小さなチャンスをつかむことだよ。それで一段上がれたら、また背伸びをして、小さなチャンスをつかむの。

ボルダリングっていう、スポーツがあるじゃない。高い壁にコブみたいなのがいっぱいくっついてて、それを手でつかんだり、足をかけたりしながら上へ登っていく競技なんだけど。

あんな感じで、人生にも、神様がたくさんの手がかり、足がかりを出してくれます。

それを見逃さないで上手につかみ続けたら、誰でもてっぺんまで行けるの。

成功の道って、決して難しいものではないんだ。

出世は「運」「鈍」「根」の三つだよ

成功するということは、少なからず人の上に立つものだと思います。

で、人の上に立とうと思ったら、ふつうの人と同じではダメなの。必要な資質というものがあるんだよ。

それはなにかと言うと、

「ウン、ドン、コン」

の三つで、ウンは**「運」**、ドンは**「鈍（鈍感であること）」**、コンは**「根気」**です。

まず、一つ目の「運」です。

運のない人は、そもそも人の上に立つようなステージが出てくることがありません。

では、どうすれば運がつくのか。

それは、人並み以上の愛を出すことです。愛がなきゃ人に好かれないし、リーダーとして盛り立ててもらえないんだよね。

愛のある人は、みんなが助けてくれる。どうしたって運がよくなるのです。

次に、二つ目の「鈍」です。

鈍感力。という言葉をみんなも聞いたことがあるかもしれないけど、上に立つ人間には、鈍感なところが不可欠なんだよね。繊細過ぎる人には、リーダーは務まりません。

上に立つということは、全体を見なきゃいけないの。社長だとしたら、会社全体を見るのが仕事です。

ひとつの部署に肩入れするとか、従業員を無視してお客さんへのサービスばかりに気を取られるとか、そんな狭い視野の社長では困ります。

社長は鳥の目を持って、会社はもちろん、社会全体まで広く見ながら、時代のニーズを探る力がいるんだよね。

ただ、広く見ようと思うと、あちこちから圧力も受ける。

みんなそれぞれの立場ってものがあるから、こっちを立てると、あっちが立たない。あっちを気にかけたら、別のところから不満が出る……みたいなことが当たり前にあるんです。苦情や文句だって飛んでくる。

上に立つ人は、大勢の人生に責任だってあるよね。

こうした重責にいちいちへこたれてたら、社長なんて務まらないんです。

無神経になれ、という意味ではありません。

ただ、トップに立つには、圧をひらりひらりとかわせる身軽さみたいな鈍感力が必要だよねってことなんだ。


そして、三つ目の「根」です。

根気とは、これと決めたことを成功するまでやり続けられるかどうかです。やると決めたら、やり続ける。その覚悟がありますかってことなの。

一部の人が甘い汁を吸うのではなく、みんなが笑っていられる道を貫く。

それができなければ、やっぱりリーダーとして周りから信頼してもらえません。


最後に、「運、鈍、根」の三つをまとめるとね。

愛のある強運な人が、四方八方から飛んでくる矢をうまくかわしつつ、やると決めたことをやり抜く。

この三拍子は、一朝一夕《いっちょういっせき》に身につくものではありません。出世する前から、意識

してコツコツ積み上げなきゃダメなの。

出世してから身につけようと思ってると、永遠に出世しないってことになっちゃうんです（笑）。なぜかと言うと、神様は、資質のある人に出世の道をつけてくれるものだからです。

出世したい人は、その資質が少しでも早く身につくように、どんどん自分を磨くことですよ。

おかしいと思えば、おかしいところが見える

脳は、とんでもない怠け者です。でもそのいっぽう、緻密《ちみつ》できっちりした面もあるんだよね。

それはなにかと言うと、ひとたび「おかしい」と感じたことは、徹底的に、おかしくない状態に持っていこうとするところです。

脳は、おかしなことがあると、是が非でも解決しようとするの。

自分のお店の売り上げが、1カ月10万円だとするじゃない。

ところが、同じ商品を、同じ値段で販売している別のお店では、毎月100万円以上の売り上げがあるんです。

こういうときに、「どう考えてもおかしいぞ」「なぜ10倍も差があるんだ？」と疑問を持った人には、なにがおかしいのか見えてくるんだよね。

疑問を持った途端、脳が、その理由を全力で探し始めるからです。

で、見えてきたことがあれば、そこを直せばいい。

あのお店の人は、いつも笑顔だ。

掃除が行き届いていて、店内が明るいな。

そんなことに気付いたとするじゃない。

そしたら、それを真似するの。改善できたら、売り上げだってついてくるわけです。

ただ、人は「ホメオスタシス（恒常性維持）」と言って、いまの自分を変えたくないという無意識が強く働きます。自分を変えようと思ったら、努力や忍耐が必要になるからしんどい。このままでいた方がラクだよねっていう感覚です。

これも、言ってみれば脳の怠けグセなんだけど。

そんなわけで、１００万円の売り上げを出してるお店があっても、そっちを見ない。

おかしいという疑問を持つと、疲れることをしなきゃいけなくなるから、自分と同じぐらいの売り上げしかない店を見て、そこで安心感を得ようとするわけだ。

でも、ここで流されてはいけません。

脳は、おかしいとなれば、「こりゃ働かなきゃいけないぞ」って目を覚まします。そのスイッチを押すのは、自分の意思、思いなんだよね。

仕事に限らず、なんでもそうです。

もし、あなたに彼女（彼氏）がいないことで人生がつまらないんだとしたら、「オレがモテないのはおかしい」「こんなに可愛い私に、なぜ彼氏がいないの？」と思わなきゃダメなの。

疑問を持てば、その瞬間から、脳は全力であなたの恋人を探し始めます。いい人に出会えそうな場所を探したり、実際にそこへ連れて行ってくれたりする。

脳を味方につけると、本当に頼もしいんです。

脳を使いこなさないなんて、本当にもったいないないことなんだ。

シンデレラが灰かぶりのままだったら？

人は見た目じゃないと言いますが、見た目も大事なんです。

たとえば、神様に質素な姿を求める人は少なくないと思うのですが、実は神様って、きれいで華やかなものが大好き。

観音様《かんのんさま》なんかは特にそうで、美しい着物に身を包んでいます。龍神様にしても、

「宝珠《ほうじゅ》（願いを叶える玉）」という、キラキラ輝く玉を御手に持っているの。

神様って、全然質素じゃない。

で、美しいうえにやさしい表情だからこそ、みんなが好きになるんだよな。自分もこういう神様に近付きたいなってあこがれる。


質素な見た目の神様、恐い表情の神様もいますが、それには深い理由があります。単なる質素とか、ただ怒っているのではなく、どの神様も愛に裏打ちされた姿なんだよね。それぞれに意味があって、必要な人に、必要な気付きがもたらされるようになっている。

だけど本来は、神様ってすごく美しい。人々に安心感を与え、みんなを惹きつけるのが神様です。

愛と光と、そして豊かさがあるから幸せになれる。

神様の姿は、そのことを私たちに伝えているのだと一人さんは思います。


だから、身だしなみってすごく大事なの。

高価なものを、無理してまで身につける必要はないんです。自分ができる範囲で、きれいにすればいいんだよ。

安いシャツでも、パリッとシワが伸びてると見ていて気持ちがいい。いまは、値段以上に質のいいアクセサリーもたくさん売ってるから、そういうのを上手に添えたら、豪華で豊かそうに見えるじゃない。

それを、着るものなんか関係ないとかってヨレヨレの姿でいると、貧乏神がついちゃうんです。

「シンデレラ」っていう童話があるじゃない。

継母《ままはは》や、その連れ子の姉たちにこき使われて、すすや灰にまみれていた女性が、魔法使いによって美しく変身させてもらい、お城の舞踏会に行く。そこで王子様に見初《みそ》められ、結婚して幸せになるというストーリーです。

あれね、もしシンデレラが灰かぶりのまま、みすぼらしい恰好で王子様に出会っていたら、王子様はシンデレラにときめかなかったと思うよ（笑）。きれいなドレスを着せてもらったから、王子様の目にも留まったの。

子ども向けの童話ですら、身なりを整えることの重要性を言ってるんだよね。

見た目が貧相だと、いくら中身が美しくても、周りの人にはそれがなかなか伝わりません。

同じだけ愛のある人が二人いて、見た目がしょぼくれてるのと、キラキラ輝いてるのとでは、どっちが幸せそうに見えるだろうか？　どう考えても後者なんです。

内面が大切なのは、言うまでもない。外側だけ着飾ればいいという話じゃないの。

せっかく魂を磨くんだったら、身なりもきれいにして、内側と外側の両方で輝いた方がトクだよねって話ですよ。

雑草がアスファルトを突き破れるワケ

外を歩いていると、硬いコンクリートを突き破って、雑草がビュンビュン生えてることがあるんです。よく、ど根性植物とかって言われるんだけど、よくもこんなに硬いコンクリートを突き破って芽を出すものだと驚くよね。

ふつうは、雑草みたいな小さな力でコンクリートが割れるはずがないと思うんだけど、それが起きている。奇跡が起きてるの。

実際、アスファルトより雑草の方が力が強いってことはありません。雑草は、実に弱い植物です。

ところが、その弱い力でアスファルトを突き破っちゃうわけだ。

奇跡を起こせない人はね、こういう現象を見たときに頭で考えるの。

数学とか、物理学なんかを持ち出してきて、アスファルトを突き破るにはどれぐらいの力が必要で……とかって計算し出す。

それと同じことを、自分にもするんです。

なにか挑戦しようと思ったときに、まず頭で計算する。これをやったら、計算上はこうだから、これは実現不可能だ。じゃあ、やめとくかって。無理なことは最初から挑戦しない。

こういう人には、奇跡が起きません。だって、奇跡がなきゃ成功しないことには、はなから挑戦しないわけだから。

ようは、頭がよすぎるんだよね。

奇跡が起きない人は、自分の頭が悪いからだと言うのですが、そうじゃない。頭がよすぎて、奇跡を起こせないでいるの。

それでいくと、雑草はすごいよ。計算なんかいっさいしません。まぁ、雑草は学校で勉強するわけじゃないからね。計算できる方が奇跡なんだけど（笑）。

とにかく、雑草は、ただただ芽を出したい。太陽の光に当たって成長したい。タネを飛ばして子孫を繁栄させたい。

その一心で、上に伸びようとします。

もちろん、雑草の力は本当に小さい。

私はそれを「無限小の力」と呼ぶんだけど、ごく小さな力が、自分の持てる時間のすべてをかけた「無限大の時間」によって、奇跡を引っ張ってくるわけだ。

弱い力でも、ひたすら押し続けることで奇跡が起きる。

学ぶべきはここなんです。


人間の能力は、人によってそれほど大きな差があるわけではありません。奇跡を起こせる人と、そうでない人の間に、力の差はないんだよ。

差があるのは、無限小の力でどこまで挑めるかってことなの。

自分ほどツイてる人間はいない。

小さな力でも、絶対奇跡を起こせるはずだ。

そう信じて、挑戦し続けられるかどうかが、勝敗を決めるのです。

思い立ったらすぐやればいいじゃない

やりたいことがあるのに、なかなか行動に移せない人がいます。

失敗したらどうしようとか、ソンをしたらどうしようとかって、理由をつけては動かないんだよね。

みんな、いきなり成功を求め過ぎなの。

1回目からうまくやろうと思うから不安にもなるし、自信が持てず、怖気《おじけ》づいちゃうんだよね。


昔、ピアノのコンサートをするのが夢だという人がいたの。いつか、そういう日がきたらいいなぁって言うわけ。

一人さんはこう返しました。

いつかやろうと思うんだったら、いますぐやればいいじゃないって。

本人は、「私なんてまだまだ未熟で……」なんて謙遜するんだけど、腕がいまひとつだからって、誰かに迷惑をかけるわけじゃない。コンサートを開くときに、「未熟ですが挑戦します。よかったら聴きに来てください」とでも言っておけばいいだけのことでさ。

それでも来てくれる人はいるだろうし、誰も来てくれなかったとしても、自分一人で弾けばいい。ピアノが好きなら、一人で弾いても楽しいものでしょ？

それで夢は叶うじゃない。「いつか、いつか」と後回しにする人には、絶対得られない現実なんです。

でね、その人は思い切ってコンサートをやったの。

そしたら、これが想像以上に盛り上がって、すぐ「来年もやろう」ってことになった。腕がマズいとか言ってたけど、そんなこと気にする必要もなかったわけです。みんな楽しんでくれたんだよね。

行動の星では、やりたいと思ったこと、そしてそのなかでいまの自分ができることは、言い訳しないですぐやらなきゃダメなんです。

なにごとにもタイミングがあって、やりたいと思ったそのときに挑戦するのがいちばんうまくいくの。

鉄は熱いうちに打てと言いますが、本当にその通りだよ。

未熟でも、人はやってるうちにグングン成長するんです。

10年後にコンサートをやりたいと思うんだったら、その練習のつもりでいいから、いますぐにコンサートを開くの。最初は、小規模でいいから。

実際にコンサートをやるとなると、必死に練習し出すんだよね。練習の仕方が全然違ってきちゃう。だから、ふつう以上に上達します。

そのうちに腕がついてくれば、別の楽器の奏者とか、歌が趣味の人から「一緒にやりませんか」なんて声をかけてもらえることもあるんじゃないかな。仲間が増えたら、ますます楽しいコンサートができるよね。

そうやって経験を積み上げていけば、10年目にはプロ級のコンサートになってるかもしれません。いや、本当にプロになってる可能性もあるだろう。

ふたを開けてみたら、最初に願っていたこと以上の結果が出てくることも珍しくないんだ。

1000円ソンしたら1万円を取り返す

一人さんは、超がつくほどの欲張りです（笑）。

どう欲張りなんですかって言うと、困ったことが起きたときに、それを解決するだけじゃ満足しないの。

ふつうは、起きた問題を解決できたら、よかったとなります。ところが一人さんの場合は、それだとソンしたと感じる。

だって、問題が起きたことでいろいろ考えなきゃいけなかったわけで、解決しただけで終わっちゃったら、頭を使ったぶんソンでしょ？

考える労力とか、出した知恵の価値を考えたら、きっちりその報酬も手に入れないと気が済まないいんです（笑）。

銀行だって、１万円を貸して、１万円が返ってくるだけだったら商売になりません。そこで働く人や、店舗を構える費用、会社の利益やなんかを残すには、金利が乗っかるのが当たり前です。

特許を取るような商品でもさ、生活のなかに不便なことがあって、頭を悩ませた人がいたの。で、その人が知恵を出して、不便を解決するグッズを発明したんだよ。

アイデアそのものにも価値があるし、それを製品化するための費用もかかるわけだから、原価で売ったんじゃしょうがない。

ちゃんと利益が出て、自分もトクする値段をつけるものでしょ？

悩みの解決も、そういうのと同じです。悩んだだけ、プラスになって返ってくるようにしなきゃダメなの。

つまり、問題を解決するだけでなく、その問題が起きたことでなにかしら自分がトクするような解決法を考えなきゃいけない。

もし自分が１０００円ソンしたんだとしたら、１万円を取り返せるような知恵を出す。こういうのが、プロの商人なんだ。

もちろん、そのことで誰かを困らせるようじゃダメですよ。

銀行だったら、お金を貸すだけじゃなくて、借りた人がうんと儲かるような知恵もセットで提供する。それでうまくいけば、借りた人は金利をしっかり払えます。知恵をくれた銀行に感謝して、次もまたお金を借りてくれるかもしれないよね。

商品開発にしても、いいものをつくったら大勢の人が助かります。少しぐらい価格が高いとしても、それを手に入れるメリットの方が大きければ、人は喜んでお金を出してくれるの。

みんなが幸せになる知恵を出し、自分もトクをする。

自分が欲張れば欲張るほど、世の中の役に立てる。

これが、一人さん流なのです。

第6章

神様から選ばれる人になるために

欠点に見えることは
ぜんぶひっくり返しな

物事には、表と裏が存在します。

光のあるところに人がいたり、モノがあったりすれば、必ず影ができる。明るさと暗さは、一対《つい》の関係にあるんだよね。

コインだって、表と裏があるでしょ？　どんなに薄い紙一枚でも、表しかないとか、裏しかないってことはない。

人間もそうなの。

いいところがあれば、未熟な面もある。それが当たり前なんだよ。

人間は、向上したい生き物です。

だからこそ、足りないところがあれば改善したいと思うし、うまくいかないときはガッカリもする。

明るさを意識しなければ、すぐ暗い部分に目が行っちゃうの。これは人間が持つ性質だから、どうしようもありません。

ただ、さっき言ったように、その裏側には「向上したい」という強い思いがあるわけだから、暗い部分に目が行くこと自体は悪いことじゃない。

改善すべき点が見えないと、成長だってできないよね。

では、なにがいけないのかと言うと、できないところを見て、「これも自分なんだ」と受け入れられないこと。ダメな自分をゆるせないことです。

多くの人は、欠点は否定するものだと思っています。ダメなところは、自分のなかから排除しなきゃいけないものだと決めつけている。

だけど、それってとんでもない勘違いです。

大事なことだから、もう一度言うよ。

欠点のない自分にしようとするのは、大間違いです。

欠点というのは、自分にとって最大の武器になり得る個性です。

いまは嫌でしょうがないかもしれないけど、それを磨き上げたら、人生を180度変えちゃうぐらいのパワーがある。

あなたを、あなたらしく光らせる、最大の長所になるんです。

誰が見ても「それは長所ですね」って部分も、もちろん素敵なんだよ。もっともっと、それを伸ばしたらいい。

ただ、欠点に見えるものを自分の長所に変えたときは、その比じゃない爆発力がある。言うなれば、世界にたった一つしかない貴重な宝石だよな。

欠点を、欠点のままにして否定するのは、誰にでもできることです。で、それだとふつうの人で終わっちゃうの。

それに対し、たとえば一人さんの勉強嫌いとか、病気がちだったことのように、表面的には欠点に見えることを、ぜんぶひっくり返せば奇跡の人になれる。

欠点には、奇跡を起こす力があるんだ。

世の中のことにしても、みんなが「不況で嫌になっちゃう」と嘆いていようが、あなただけは「不況だからこそ、いいことがある」ってひっくり返すの。

ひっくり返しもしないで文句を言うだけでは、現実はなにも変わらないんだよね。

コインをひっくり返せば、必ず裏が出る。

不況のときだって、その裏には必ず豊かさのヒントがあるものです。ひっくり返せば、それが見えてくるんです。

表だけのコインなど存在しないように、物事にも裏側がある。

そして、たいていは見えないところに奇跡が潜んでいるものだから、なんでもひっくり返してみることですよ。

最強の裏方が猛スピードで現実を動かす

感謝とか、ツイてるとか、楽しいとか、そういう天国言葉（聞いた人が明るい気持ちになる言葉）を使いまくってる人は、天国波動になって、とんでもなく運がよくなります。

天国波動は、神様の波動そのものだから、それこそ24時間、３６５日、いつでもツイてるってことになる。

かたときも休むことなく、幸せの道を突き進みます。

ふつうの人は、なにか問題が起きると自分で解決しようとします。

悩んで、悩んで、苦しんで、苦しんで。その先に明るい未来があると思い込んでいるんだよね。

だけど、いまここで重い波動を出してる人は、未来にも重い現実しか出てきません。

波動が悪いと、いつまでたっても問題が消えないの。１個解決しても、すぐにまた別の問題が出てきたりしてさ。

その点、天国波動の人は強い。

寝てる間ですら、自分に都合がいいように現実が動くの。

あなたがトクする方、もっと幸せになる方に、絶えず神様が調整し続けてくれるからです。

神様が最強の裏方となって、猛スピードで最善の状況をつくってくれるんだよね。

地球は、１年かけて太陽の周りを回ります。１年と聞けば、ずいぶんゆっくりに思うかもしれないけど、宇宙は広大なの。

地球が進む速さって、時速11万㎞ぐらいあるらしいんです。想像もつかないスピードなんだよね。

そればかりか、地球自体も毎日ぐるっと一回転する。その速度も、最大時速１７００㎞ぐらいある。聞いてるだけで、目が回りそうな話でしょ？（笑）

ふだん、私たちが車に乗っかってスピードが出ていると、車窓の景色はすごい速さで流れていくし、窓を開けようものならとんでもない暴風が吹き込みます。

ところが、地球は車の比じゃない速さで進んでいるのに、地球上にいる私たちが暴風に飛ばされることはありません。天地がひっくり返ることもなく、穏やかに暮らせているよね。

これって、人智を超えた奇跡なんだよ。神様だけにできることなの。

そんな神様の手にかかれば、私たちの人生をちょっと変えるぐらいわけないいんだよ。


神様から選ばれる人になりたかったら、天国言葉をどんどん使えばいい。明るく笑って、なんでも肯定的に、軽く考えることですよ。

そして、地獄言葉（聞いた人が不快になる言葉）は絶対に使わない。

自分否定、人の悪口、泣き言……そんな地獄言葉が当たり前になってると、地球が進むぐらいのスピードで不運を呼び寄せてしまうからね。

「ダブル幸せ」か「ダブル不幸」しかない

愛する人と一緒にいれば、喜びは2倍になり、悲しみは半分になる。
そんなことがよく言われるんだけど、この言葉は、誰にでも当てはまるものではないんだよね。

たとえば一人さんの場合だと、自分はすでに明るく生きているし、誰よりも幸せな自信があるから、この言葉通りに受け取っていいんです。

いまもじゅうぶん幸せだけど、お互いの幸せを喜び合える人がそばにいてくれたら、ますます幸せを感じられます。

つらいことがあれば、自分の力でそれを乗り越えられる自信があるけど、愛する人が隣で明るい波動を出してくれたら、ますます早く立ち直れる。

愛する人がいることで喜びは倍増するし、つらい時間は半減するんだよね。

だけど、いま幸せじゃない人の場合だと、そうはいかないんです。

まず、幸せじゃない人のそばに来てくれるのは、やっぱり同じような波動の、幸せじゃない人です。

誰かが私を幸せにしてくれないかな。そう言ってる人は、同じように考えてる相手とくっつくの。

それでも、二人になれば幸せを感じられるはずだって思うかもしれないけど、そうじゃない。不幸な人同士がくっつくと、「不幸＋不幸」で、ダブル不幸になっちゃうんです。

幸せじゃない二人が一緒になると、それぞれの負の波動が、お互いの波動をますます下げます。

だから、ちょっといいことがあっても、そのなかですらアラを見つけて、「まだこれが足りない」とかって幸せを打ち消すようなことを言い出す。

嫌なことが起きたら起きたで、つらさを分け合うどころか、相手のせいにして傷つけ合ったりする。

これを二人でやるわけだから、どう転んでも幸せになれるわけがない。


理想的な二人とは、それぞれが、一人でいても幸せであることです。


恋人がいてもいなくても幸せ。

結婚してもしなくても幸せ。

そう思ってる二人が出会ったときには、ダブル幸せで最強なんです。幸せのフィーバーが起きちゃうの。

で、この世での組み合わせとしては、「ダブル幸せ」か「ダブル不幸」のどちらかしか存在しません。

波動は、同じような波動の相手としか引き合わないから、もし違った波動を持つ人と偶然一緒になったとしても、すぐに別れることになるからね。

あなたも選ばれし人になればいい

奇跡は、滅多に起きないから奇跡と言われます。しょっちゅう起きることは、奇跡じゃないよね。

また、まったく起きないことも奇跡ではありません。

滅多に起きないけど、ごくまれに起きる。

それが、奇跡の定義です。

一人さんは中学を卒業しただけで、みんなが追い求めるような学歴はなにもありません。しかも、勉強が嫌でしょうがなかった私は、いつも成績がビリだった（笑）。

ふつうはね、こういう子が納税額日本一になるとは思われないんです。

ところが、一人さんは多くの予想に反して出世した。

しかも、東大を出た人とか、海外の一流大学を出た人とか、そんな超エリートでもかなわないぐらいの成功を現実にしたわけです。あくせく働かない、自由気ままな生き方で（笑）。

奇跡のなかでも、これはとりわけレアケースだと思います。

世の中では、奇跡は選ばれし人にしか起きないと思われています。自分は選ばれし人じゃないからチャンスがない、とかってみんな言うの。

確かに、その半分は事実と言えそうです。選ばれし人にしか奇跡が起きないのは、本当のことだから。

ただ、みんなは「選ばれし人には、誰でもなれる」ことを見落としている。つまり、自分にはチャンスがないと言うのは完全に間違っているわけだ。

チャンスがないようにしてるのは、チャンスをつくろうとしてない自分なんです。

楽しく、軽やかに生きて、明るい波動を出す。
神様のお手伝いをする。

一人さんはずっと、こうしたチャンスのつくり方をお伝えしてきました。

で、その考え方、生き方を「面白そう」「やってみたい」と思ってくれる人たちが、一人さんの周りにたくさん集まってくれたんです。

そしたら、滅多に起きないはずの奇跡が、私の周りではバンバン起きるようになっちゃった。あまりにも奇跡が起きるものだから、もはや、奇跡を奇跡とも思えなくなったぐらいなの（笑）。

ようは、一人さんの周りには、選ばれし人が大勢いるってことだよな。

その選ばれし人たちは、もとから選ばれていたわけじゃないんです。

話を聞くと、いじめに傷ついて自死を考えたことがある、環境に恵まれず悪いことばかりしてきた、鬱《うつ》に苦しんできた、引きこもりで家庭がめちゃくちゃだった……そんな、重い過去を背負っている人が本当に多いの。

だからこそ、なんとか幸せになりたくて一人さんの教えを実践してくれたわけだけど、それをきっかけに、選ばれし人になれたんだよね。

つらい過去を持った人が、たくましく社会復帰を果たした。

孤独だった人が、大親友や生涯のパートナーを見つけた。

お金に困ってどうしようもなかった人が、豊かな暮らしを手に入れた。

私の周りで起きた奇跡は枚挙にいとまがなく、みんな、自分らしい幸せを手に入れています。それぞれが、生き生きと輝いている。

そんな奇跡が当たり前のごとく起きるのを見てきた私に言わせると、滅多に起きないはずの奇跡を起こすことは、実は少しも難しい話じゃない。

その気になれば、誰にでも奇跡は起きます。

もちろん、あなたにもね。

復讐するは我にあり。それは神様のことなんだ

人に嫌なことをされたら、誰でも怒りが湧くものです。悲しくなったり、悔しくな

ったりもします。

そのときに、仕返しをしてやりたいと思うことがあるかもしれません。自分と同じ気持ちを味わえばいいとか、それ以上にひどい目に遭わせたいとか。

でもね、仕返しをしてもいいことはないんだよ。


やり返せばスカッとするはずだ。そう思うかもしれません。

でも、一時的に胸のつかえが下りた気がしても、結果的には自分の波動を下げることになります。ますます嫌な気持ちになっちゃうんです。

復讐《ふくしゅう》には、恨みの感情が込められます。

嫌な目に遭ったことで、すでに苦しい波動になっているのに、さらに恨み感情まで上塗りするようなものなんだよね。

一瞬の爽快感と引き換えに、とんでもないソンをしてしまう。だから、仕返しなんて考えない方が賢明です。


なら、やられっぱなしで我慢するんですか？

もちろん、黙ってる必要はありません。迷惑行為を拒絶すること、撥《は》ねつけること自体は仕返しとは違いますから、やられたときに、相手にガツンと「そういうのはやめてください」「二度としないで」と言い返すのはいいんだよ。

一人さんだったら、「おまえ、ふざけるなよ」「誰に向かってやってるんだ」ぐらいは言っちゃうだろうね（笑）。

で、**そんな勇気はないとか、撥ねつけるのが難しい場合は、心のなかで強く言えばいい。**それだけでも、あなたから強い波動が出て、相手はもう嫌なことをしてこなくなると思います。

それでも反省しない悪いやつは、天がちゃんと罰してくれるから、あなたはそれ以上のことをする必要はありません。

罰というか、神様が最適な方法で導いてくれるの。

キリストの、「復讐するは我にあり」という言葉があります。

この「我」を、自分自身だと思っている人もいるのですが、そうじゃない。我というのは、神様のことなんです。

簡単に言うと、復讐は人間のやることではなく、神様の仕事だよってことなの。神様は、こう言いたいんだと思います。

「私（神様）のすることに口を出さず、あなたたち（人間）は、悪いやつのことなど相手にしないで楽しく生きなさい」

悪に勝てるのは、神様の明るい光しかありません。人間同士が暗い波動で争い合っても、お互いに地獄を見るだけなんだよ。わかるかい？

人は、みんな未熟です。悪いやつも、性根から悪いわけではなく、未熟ゆえに悪事を働いていているだけなの。

その人だって、本当は愛と光の存在です。愛と光を思い出せば、馬鹿なことは自分からやめるようになっている。いまは、その勉強中なんです。

悪いことをすれば、必ず神様から「進む道を間違ってるよ」というお知らせが入ります。つまり、人生に苦難が続く。

言ってみれば、これが神様による復讐だよね。

でも、その苦難から人は学び、少しずつ魂を成長させます。

やがて愛が大きくなり、明るく光ってくると、その人は悪いやつを卒業する。自分も人も幸せになれる、まっとうな道を歩き出すよ。

なにかをくっつけても自信にはならない

自分に自信のない人が、なにかをくっつけることで自信を持とうとすることがあるんです。

習いごとでもね、自分が「面白そうだな」って興味を持って始める場合は問題ないの。好きなことをすればいいよね。

だけど、人から「すごい」「かっこいい」と言われそうだからやってみようと思ったんだとしたら、これは要注意です。なぜかと言うと、それを習うことで自信につなげようとしている可能性があるからです。

もちろん、入り口は人の評価が得られそうだという動機でも、実際にやってみたら思いのほか楽しくて、人にどう思われるかなんて関係なくなっちゃうこともあります。

だとしたら、結果オーライだよね。それもアリです。

でもね、やってみて楽しくもないのに、それを習ってる自分が格上げされたような気がするとか、人に褒められるからやめられないとか、こういうのはよくない。

習いごとをすれば、そこには自分より先に始めた人がいます。よーいドンで始めたとしても、人それぞれ持って生まれたセンスとか能力ってあるから、やっぱり実力には差が出てくる。

純粋に自分が好きで始めたことなら、自分より上手な人がいても、そのことで自信を失うことはありません。うまいヘタに関係なく、楽しいわけだからね。

上手な人がいれば、むしろいい刺激をもらえるんじゃないかな。

だけど、自信をつけることが目的の場合はそうはいきません。

自分よりうまい人がいれば、そこでまた自分否定に走っちゃうんだよ。やっぱり自分はダメなんだって。
自信をつけたくて始めたことなのに、ますます自信を失ってしまう。これじゃ本末転倒だよね。

というか、そもそも「私はバッチリ自信があります」とかって人、この世にいるんだろうか？（笑）

人間国宝みたいなすごい人でもさ、インタビューやなんかで「いまだに緊張します」とかって言うじゃない。あれって、本当だと思うよ。

そりゃあね、同じことを何度もやれば場慣れするから、だんだんに勇気は出てくる。練習を積めば腕も熟練するし、ちょっと前の自分よりかは自信が持てるだろう。

だけど、それでもやっぱり100％の自信なんて持ってる人はいないの。自信満々に見える人がいるとしたら、たぶん、自信がありそうな顔をしてるだけです（笑）。

それでいいんだよ。だって、自信がないからこそ、いっそう精進しようって気にもなるし、間違えないように準備だってするわけだから。

自信があり過ぎると、かえって大事なことが疎《おろそ》かになっちゃうんです。

それに、世の中の全員に自信がないんだから、あなたに自信がなくたって少しも問題じゃない。自信がないのって、当たり前のことですよ。

で、そのなかでも、もうちょっと勇気が欲しいんだったら、まず自分を好きになることだよな。

自分は神様と同じなんだ。

このままで完璧だ。

そのことを腹落ちさせて、自分をゆるす。

なにかをくっつけなくても、あなたにはすでに価値があります。胸を張っていい。

自分を好きになれば、そう思えるようになって、不安に負けなくなるんだ。

神様は道筋をつけてくれるだけです

一人さんは、よく「神様が願いごとを叶えてくれる」と言います。

これね、なにもしなくて勝手に叶うという話じゃないんです。

神様って、欲しいものをズバリ出してくれるわけじゃない。願いごとのタネみたいな、きっかけをくれるだけなんだよね。

簡単に言うと、知恵とか、ひらめきをくれるわけです。

この宇宙は、なんでも「だんだん変わる」のがルールです。

たとえば、ある人が「運転手付きのロールス・ロイスが買えるぐらいになりたいなぁ」と思ったとする。

そのときに、神様はポンとそれを出すのではなく、道筋をつけてくれるんだよ。

いま六畳一間に住むのがやっとの人が、いきなり大金持ちにはなることはできないの。一段、一段しか上がれないんだよね。

じゃあ、どうやって運転手付きのロールス・ロイスを手に入れるのかと言うと、たとえばこんな感じです。

ある日、大好物のラーメンを食べに行くと、アルバイト募集の紙が壁に貼られているのが目に入った。

ラーメンに目がないその人は、「ここで働けたら、おいしいラーメンが毎日食べられるなぁ」ってことで、ひらめきに従い、そこでアルバイトをすることにしたの。

おいしいラーメンを毎日食べられること、ラーメンのつくり方を教わることがうれしくて、一生懸命働くんだよね。楽しい仕事だから、自然と笑顔にもなる。

やがて、店主からその働きぶりが認められて、社員に登用されます。ラーメンづくりの腕もメキメキと磨かれ、ついにのれん分けまでゆるされました。

自分の店を持ち、いっそう仕事に精を出したところ、1店舗目から大繁盛。ほどなく、2軒目、3軒目……とお店が増えていったの。

こうしてついに、最初に思い描いた「運転手付きのロールス・ロイス」が叶えられるときがくるわけです。

神様は、私たちに「行動すること」を望んでいるんだよね。行動を通じて成功し、豊かになり、幸せになるようにしてくれています。

だから、頭のなかで「運転手付きのロールス・ロイスが欲しい」と思い描いているだけでは、絶対にそれは出てきません。

神様がつけてくれた道を一生懸命に進むことで、だんだんに願った通りの未来に近付くの。

で、**そのときに「楽しむ」ことを忘れちゃダメなんです。**

努力を苦痛に感じたり、我慢があったりすると、苦しい波動になる。それだと、望みは叶えられません。

苦しみながら成功することもありますが、そういうときの成功は、所詮、人間の努力で手に入れられるぐらいの小さな成功に過ぎないし、苦しんでるわけだから、波動の法則で言えば、その小さな成功すら長くは続かないんだよ。

その点、大変なことでも楽しんでいれば、少しも苦しくない。キツい場面が出てきても、楽しく乗り越えられます。

楽しんでる人は、神様がますます応援してくれる。

だからこそ、その道はとてつもない成功に続くわけです。

努力は、小銭ぐらいはもたらすかもしれません。でも、気の遠くなるような大金は、神様が与えてくれるしか手にする方法はないのです。

その道のりは器をつくるための時間

桃や栗は、タネから成木に育って実がなるまでに、3年かかると言われます。柿にいたっては8年ほど要する。

このような自然を踏まえた、「桃栗三年柿八年」という言葉があるんです。

なにごとも、成果を得るには長い月日が必要ですよってことなの。

なぜ、成功には時間がかかるのか。

それは、器を育てるためです。

山に、体にいい湧水が出るところがあると教わったとするじゃない。これはいいことを聞いたと家のなかで水を汲《く》めるものを探したら、お猪口《ちょこ》しかないんです。

仕方なく、お猪口を持って山に入る。

当たり前だけど、汲める水はお猪口一杯ぶんだよな（笑）。

これじゃしょうがない、もっと大きな容器をつくろうと思って、土をこねて器をこしらえるんだけど、最初はうまくいかない。

それで、陶芸の基礎を学ぶところから始めて、ようやっと10年後に、軽くて、たくさんの水が汲める丈夫な器が完成した。

言うなれば、こういうイメージなんです。

日々の暮らしがやっとの人に、いきなり大金が入ってきても、器が小さくてそれを受け止めきれないんだよ。

器が育ってないと、入ってきたお金がじゃぶじゃぶこぼれちゃうの。

つまり、人に騙されてお金を失うとか、事業に失敗して借金までこさえちゃうとか、困ったことを引き起こすわけです。

だから、「器を大きくするんだよ」ってことで、神様は、時間をかけて成長するようにしてくれているわけです。

お金というのは、それを使う人が、楽しく、有効に活かすだけの知恵を出してはじめて意味のあるものになります。生きたお金になる。

それは金額に関係なくて、少ないお金でも、いい知恵を出せる人は、そのお金で最大限の結果を出せます。

広告に10万円かけて、10万円の利益しか出なかったら、実質ゼロでしょ？　利益が10万円出なかったら、ソンをすることになる。

こういうのは、器がなかったねってことなんだよ。

いっぽう、自分を磨き込んだ人の場合は、10万円の広告費でも、１００万円の利益が出せるような、明るい知恵を出せるようになってくる。

こういう人には、どんどん上のステージが出てくるわけです。

成功までの道のりは、あなたが取り返しのつかない失敗をしないように、神様がつけてくれた「器づくり」の時間です。

すごく意味のある、重要な時間なの。

で、同じ時間をかけるなら、楽しく、そして誰よりも大きな器を目指してごらん。

そうすると、神様が目をかけてくれる。

きっと、驚くほど大きくて丈夫な器が出来上がるはずだし、あなたの想像をはるかに超えた現実が出てくると思いますよ。

あとがき

結婚式の披露宴で見かける、「キャンドルサービス」というのがあります。

薄暗い会場のなか、新郎新婦が火のともったキャンドルを持って、各テーブルに置かれたキャンドルに灯《あか》りを分けていくんだよね。

そのときに、いくらキャンドルで光を分けても、新郎新婦が持つキャンドルの炎が小さくなることはありません。分けてもらった方のキャンドルも、炎が弱いってことはない。

光を分ければ分けるほど、会場は明るさが増していくんだよね。

自分が明るく光るって、キャンドルサービスと同じなの。

愛でいっぱいの明るい人は、周りの人にも灯りをともします。灯りを受け取った人は、また別の人に灯りをともします。

愛のキャンドルサービスで、世の中がどんどん明るくなる。
そうやって、地球上の全員が笑える世界になったらいいなぁというのが、一人さんの夢であり、願いです。

最後まで読んでいただき、ありがとうございました。

さいとうひとり

雄大な北の大地で「ひとりさん観音」に出会えます

北海道河東郡上士幌町上士幌

ひとりさん観音《かんのん》

柴村恵美子さん（斎藤一人さんの弟子）が、生まれ故郷である北海道・上士幌町《かみしほろちょう》の丘に建立《こんりゅう》した、一人さんそっくりの美しい観音様。夜になると、一人さんが寄付した照明で観音様がオレンジ色にライトアップされ、昼間とはまた違った幻想的な姿になります。

記念碑

ひとりさん観音の建立から23年目に、白光の剣《つるぎ》（※）とともに建立された「大丈夫」記念碑。一人さんの愛の波動が込められており、訪れる人の心を軽くしてくれます。

（※）千葉県香取市にある「香取神宮」の御祭神・経津主大神《ふつぬしのおおかみ》の剣。闇を払い、明るい未来を切り拓く剣とされている。

「ひとりさん観音」にお参りをすると、願い事が叶うと評判です。
そのときのあなたに必要な、一人さんのメッセージカードも引けますよ。

そのほかの一人さんスポット

ついてる鳥居：最上三十三観音 第2番 山寺（宝珠山《ほうじゅさん》 千手院《せんじゅいん》）

山形県山形市大字山寺4753　電話：023-695-2845

一人さんが
すばらしい波動を
入れてくださった絵が、
宮城県の
定《じょう》義《ぎ》如来《にょらい》西方《さいほう》寺《じ》に
飾られています。

宮城県仙台市青葉区大倉字上下1
Kids' Space　龍の間

**勢至菩薩《せいしぼさつ》様は
みっちゃん先生の
イメージ**

聡明に物事を判断し、冷静に考える力、智慧と優しさのイメージです。寄り添う龍は、「緑龍」になります。地球に根を張る樹木のように、その地を守り、成長、発展を手助けしてくれる龍のイメージで描かれています。

**阿弥陀如来《あみだにょらい》様は
一人さんの
イメージ**

海のようにすべてを受け入れる深い愛と、すべてを浄化して癒やすというイメージです。また、阿弥陀様は海を渡られて来たということでこのような絵になりました。寄り添う龍は、豊かさを運んでくださる「八大龍王様」です。

**観音菩薩《かんのんぼさつ》様は
はなゑさんの
イメージ**

慈悲深く力強くもある優しい愛で人々を救ってくださるイメージです。寄り添う龍は、あふれる愛と生きる力強さ、エネルギーのある「桃龍」になります。愛を与える力、誕生、感謝の心を運んでくれる龍です。

斎藤一人さんとお弟子さんなどのウェブ

斎藤一人さんオフィシャルブログ

https://ameblo.jp/saitou-hitori-official/

一人さんが毎日あなたのために、ツイてる言葉を、
日替わりで載せてくれています。ぜひ、遊びにきてくださいね。

斎藤一人さんX（旧 Twitter）

https://x.com/o4wr8uaizherewj

上のURLからアクセスできます。
ぜひフォローしてください。

柴村恵美子さんのブログ	https://ameblo.jp/tuiteru-emiko/
ホームページ	https://emikoshibamura.ai/
舛岡はなゑさんの公式ホームページ	https://masuokahanae.com/
YouTube	https://www.youtube.com/c/ますおかはなゑ4900
インスタグラム	https://www.instagram.com/masuoka_hanae/
みっちゃん先生のブログ	https://ameblo.jp/genbu-m4900/
インスタグラム	https://www.instagram.com/mitsuchiyan_4900/
宮本真由美さんのブログ	https://ameblo.jp/mm4900/
千葉純一さんのブログ	https://ameblo.jp/chiba4900/
遠藤忠夫さんのブログ	https://ameblo.jp/ukon-azuki/
宇野信行さんのブログ	https://ameblo.jp/nobuchan49/
尾形幸弘さんのブログ	https://ameblo.jp/mukarayu-ogata/
鈴木達矢さんの YouTube	https://www.youtube.com/channel/UClhvQ3nqqDsXYsOcKfYRvKw

〈著者略歴〉

斎藤一人（さいとう　ひとり）

実業家。「銀座まるかん」（日本漢方研究所）の創設者。1993年から納税額12年連続ベスト10入りという日本新記録を打ち立て、累計納税額に関しては2006年に公示が廃止になるまでに、前人未到の合計173億円を納める。また、著作家としても「心の楽しさと経済的豊かさを両立させる」ための著書を何冊も出版している。主な著書に『斎藤一人 だんだんよくなる未来は明るい』『斎藤一人 今はひとりでも、絶対だいじょうぶ』『斎藤一人 人は考え方が９割！』『斎藤一人 幸せ波動、貧乏波動』『強運』『絶対、よくなる！』『「気前よく」の奇跡』（以上、ＰＨＰ研究所）がある。

斎藤一人　明るい人だけが成功する

2025年2月12日　第1版第1刷発行

著　　者　斎藤一人
発 行 者　永田貴之
発 行 所　株式会社PHP研究所

東京本部　〒135-8137　江東区豊洲5-6-52
ビジネス・教養出版部　☎03-3520-9619（編集）
普及部　☎03-3520-9630（販売）
京都本部　〒601-8411　京都市南区西九条北ノ内町11

PHP INTERFACE　https://www.php.co.jp/

制作協力
組　　版　株式会社PHPエディターズ・グループ
印 刷 所
製 本 所　TOPPANクロレ株式会社

ISBN978-4-569-85850-0